Arne Kühn

Lehrer-Schüler-Beziehungen konstruktiv gestalten

Erfolgreicher Umgang mit Verhaltensauffälligkeiten

Mit zahlreichen Übungen, 15 Abbildungen und 6 Tabellen

Mit Online-Zusatzmaterialen

Ernst Reinhardt Verlag München

Arne Kühn, Erzieher und Förderschullehrer, Hannover, ist seit vielen Jahren an einer Förderschule für Erziehungshilfe tätig. Der Schwerpunkt seiner Arbeit liegt heute auf der Fachberatung von RegelschullehrerInnen. Zusätzlich gibt er schulinterne Fortbildungen.

Bibliografische Information der Deutschen Nationalbibliothek

Die Deutsche Nationalbibliothek verzeichnet diese Publikation in der Deutschen Nationalbibliografie; detaillierte bibliografische Daten sind im Internet über <http://dnb.d-nb.de> abrufbar.
ISBN 978-3-497-02764-4 (Print)
ISBN 978-3-497-60690-0 (PDF-E-Book)

Printed in EU
Cover unter Verwendung eines Fotos von © istock.com/AnaBGD
Satz: Bernd Burkart; www.form-und-produktion.de

Ernst Reinhardt Verlag, Kemnatenstr. 46, D-80639 München
Net: www.reinhardt-verlag.de E-Mail: info@reinhardt-verlag.de

reinhardt

Inhalt

Zur Orientierung befinden sich Stichwörter und die folgenden Symbole in der Randspalte:

- Beispiel
- Merke!
- Tipp
- Übungsaufgaben
- Literaturtipp
- Online-Zusatzmaterial
- Zitat

Das Online-Zusatzmaterial können Leserinnen und Leser dieses Praxisbuchs auf der Homepage des Ernst Reinhardt Verlags unter www.reinhardt-verlag.de herunterladen.

Einleitung

Emotionale und soziale Kompetenzen in Beziehung zu sich selbst und anderen entwickeln sich bei Kindern in den Interaktionen mit Elternfiguren und anderen wichtigen Bezugspersonen. Die positive Entwicklung des jungen Menschen korreliert mit hilfreichen Beziehungsprozessen zu erwachsenen Personen.

Kritik an der Schulpädagogik besteht vor allem darin, dass die Schule ihre Erziehungsverantwortung auf dem Gebiet der Gestaltung konstruktiver Beziehungen zwischen Lehrkräften und Schülern nicht umfassend genug wahrnimmt.

Das Potsdamer Projektnetz „INTAKT/Soziale Interaktionen in pädagogischen Arbeitsfeldern" kommt nach Beobachtungen an 45 Schulen in Klassen der Primarstufe, der Sekundarstufe I und der Sekundarstufe II zu dem Ergebnis, dass

> „[...] man für ungefähr ein Viertel der Interaktionen von einer negativen Beziehungsqualität sprechen muss. Mit durchschnittlich jeder vierten Lehrer-Schüler-Interaktion ist eine Verletzung verbunden und in durchschnittlich jeder sechzehnten pädagogischen Interaktion erleben die Lernenden die starke Missachtung eines Mitschülers durch eine Lehrkraft. Rein rechnerisch werden die Kinder im Schnitt täglich mindestens zwei Mal Zeugen einer starken psychischen Verletzung eines anderen Kindes, real aber sind die einen seltener und die anderen noch viel häufiger einer solchen miterlebten Verletzung ausgesetzt" (Prengel 2013, 103).

Angeführt werden dort sowohl verbale Verletzungen, beispielsweise über eine Zuschreibung von Faulheit, als auch Schreien bei nichtigem Anlass. Da viele der Verletzungen aufgrund einer unsachlichen Lehrersprache stattfinden, fordern die Autoren einen Professionalisierungsschub im Kommunikationsbereich.

Mit deutlichen Worten hinterfragen Freyberg/Wolff (2005, 14) im Anschluss an ein interdisziplinäres Forschungsprojekt die pädagogischen Beziehungskompetenzen der Schule im Umgang mit Schülern mit Verhaltensauffälligkeiten:

„[...] das Feld der sozialen Beziehungen jedoch – und das schließt den Erziehungsauftrag der Schule ein – ist durch eine große Professionalisierungslücke geprägt. Eklatant deutlich wird diese Lücke dann, wenn die von der Schule stillschweigend vorausgesetzten sozialen Kompetenzen nicht vorliegen, wenn Eltern und Familien nicht dafür Sorge tragen (können), dass ihre Kinder schulreif, schulfähig oder beschulbar sind [...] und wenn Fördern und Fordern daran scheitern, dass an vorhandene soziale Ressourcen und Kompetenzen nicht angeknüpft werden kann."

Strukturproblem sei, dass bei Abweichungen im sozialen Verhalten der Regelschule nur ein begrenztes Arsenal an Kompetenzen zur Steuerung vorliege, um auf unreife Muster zu reagieren und bestimmte Fehlentwicklungen zu korrigieren. Stattdessen werde die Familie gefordert. Wo sich aber hinter den Schwierigkeiten dieser Schüler genau jene Probleme verbergen, die belastbare Arbeitsbündnisse zwischen Schule und Eltern verhindern und wo die Schule ihrerseits weder bereit noch in der Lage sei, solche Arbeitsbündnisse zu entwickeln und zu pflegen, setze fast zwangsläufig die Mechanik von Sanktion und Selektion ein.

Diese und andere Schulkritiken beziehen sich weniger auf die einzelne Lehrkraft, sondern im Kern auf eine Strukturproblematik von Erziehungswissenschaft und Schule. Neben einer unzureichenden Verantwortungsüberahme für den genuinen Erziehungsauftrag wird eine Verschiebung vom erzieherischen zum psychologisch-therapeutischen und medizinischen Deutungsmuster zur Lösung der alltäglichen Schulkonflikte kritisiert. Dieses werde besonders im gewandelten Blick auf auffällige Schüler deutlich (Schön 2005). Stand noch bis in die Mitte der 1970er Jahre die Diskussion über pädagogische Maßnahmen im Umgang mit auffälligen Verhaltensweisen im Vordergrund und

„[...] waren die Disziplinprobleme noch ein ‚Problem des Lehrers' und stellten eine Herausforderung an seine pädagogische Kompetenz dar, so sind die ‚Verhaltensstörungen' nun eine Sache des Schülers" (Voß 1992, 51; Herv. i. Orig.).

An die Stelle der Auseinandersetzung mit Erziehungsfragen habe sich bei Konflikten die Analyse von Ursachen und Symptomen von „Störungen" des jeweiligen Schülers geschoben. Tendenziell lösten Bewertungen, Diagnosen und Heilverfahren bisherige Beobachtung, Beschreibung und Handlungsorientierung ab. Diese Tendenz wird mehr und mehr als grundlegendes Problem der Schulpädagogik gesehen. Die unterwürfige Haltung der Pädagogik der Schule vor der Psychologie, Therapie und Medizin zeige sich als „Entpädagogisierung" (Voß 1992, 58) mit weit reichenden Konsequenzen für das Lehrerselbstverständnis. Noch immer liegt der Umgang mit auffälligem Schülerverhalten zu schnell außerhalb des pädagogischen Verantwortungsbereiches. Hinzu kommt, dass in vielen Schulen eine grundlegende Unsicherheit über zielführende Erziehungsmittel herrscht. Aufgrund der Priorität der Bildungsinhalte gibt es wenig Räume dafür, dass sich Kollegien über Erziehungsfragen austauschen.

Genormte Sozialtrainingsprogramme zur schnellen Abhilfe reflektiert Willmann (2010) als reduzierte Therapieverfahren, bei denen abweichendes Verhalten zu sehr aus einem Mangel des Klientel heraus erklärt wird, z. B. der Störung der Persönlichkeit des Kindes oder Jugendlichen. Schüler werden zu Trägern bestimmter negativer Eigenschaften,

„[...] die es punktgenau zu verändern gilt (Abtrainierung des Problemverhaltens, Antrainierung erwünschter Kompetenzen). Der Blick auf eine sich einem Bildungsideal verpflichtet fühlende pädagogische Reflexion verliert an Bedeutung auf dem Markt der Interventionsverfahren, die einfache Lösungen für komplizierte Sachverhalte versprechen" (Willmann 2010, 208).

Sozialtrainingsprogramme, die die Klassenstrukturen und realen Prozesse ignorieren, sind für notwendiges Beziehungslernen der Schüler ungeeignet.

Nach Meyer-Wolters (2000) wird in der Lehrerbildung (und —fortbildung) versäumt, bei den angehenden Lehrkräften hilfreiche pädagogische Konstrukte zu entwickeln, aus denen eine die Schüler unterstützende Haltung und erfolgreiches erzieherisches Handeln folgen.

Beispielhaft für die Verkürzung des Erziehungsdenkens steht die Praxis der sogenannten „Smileypläne". Mit ihnen könnte grundsätzlich eine engagierte Prozessbegleitung stattfinden, doch in der Realität wird sich mit äußerer Verhaltensregulation begnügt. Entweder der Schüler erhält für die Abarbeitung des „Sozialziels" eine Belohnung oder der „Smiley" wird gestrichen, erfüllt er die Leistung nicht. Viele Universitäten vermitteln nach wie vor ihren Studenten diesen Behaviorismus mit der Verhaltensmodifikation im Geiste von Skinner und Pawlow – trotz der Erfolglosigkeit der Methodiken aufgrund eines funktionistisch-beziehungsarmen Erziehungsverständnisses.

Dieses Praxisbuch versteht sich als Teil einer zunehmenden öffentlichen Forderung zur „Rückbesinnung auf die Pädagogik", insbesondere im Umgang mit auffälligen Schülern. Es beschreibt ein pädagogisches Konzept für die Unterstützung der emotional-sozialen Entwicklung von Schülern in der inklusiven Schule.

„Pädagogik meint eine spezifische Beziehung zwischen den Menschen. Sie ist die stärkende und bewusst machende Begleitung von entwicklungsoffenen Individuen in eine auch dem Pädagogen unbekannte Zukunft" (Schmidt 2007, 9).

Die These dieses Buches ist, dass sich in der Schule hohe Beziehungsqualitäten entwickeln können, wenn die pädagogische Beziehung in der Schule als spezifische Bezogenheit zwischen Lehrer und Schüler ernstgenommen und entsprechend gestaltet wird. Dafür müssen die Qualitäten des äußeren Rahmens und die darin stattfindenden Interaktionsprozesse stärker in den Blickpunkt rücken.

Bei dieser Umorientierung ergeben sich für die professionelle Beziehungsgestaltung mit Schülern mit Verhaltensauffälligkeiten besondere Herausforderungen. Die wiederkehrenden, nicht zielführenden Verhaltensmuster dieser Schüler müssen stets neu auf die zum entsprechenden Zeitpunkt aktuellen Bedingungen mit ihren Lern- und Verhaltenszielen hingeführt werden. Schüler mit Verhaltensauffälligkeiten sind als Voraussetzung für eine positive soziale Entwicklung ganz besonders auf Beziehungsangebote der Lehrkraft angewiesen. Erst diese können es dem Schüler ermöglichen, sich für eine Veränderung zu entscheiden.

Grundlage für viele Ausführungen in diesem Buch ist die Transaktionsanalyse, die eine differenzierte und anschauliche Einführung in soziale Beziehungen bietet. Ihre Theorie beschreibt intra- (innerliches) und interpersonales (zwischenmenschliches) Geschehen. Sie geht von einem humanistischen Menschenbild aus, das die Ressourcen der Menschen und den Gedanken betont, dass alle Menschen gleich wertvoll, wichtig und in ihrem Wesen in Ordnung sind. Auf dieser Grundlage möchte sie die Gesellschaftlichkeit von Menschen zu einem Kern von Entwicklung machen. Diese Basisideen der Transaktionsanalyse und ihre weiteren Inhalte können aus meiner Sicht für eine unterstützende Pädagogik hilfreiche Anregungen geben.

Die Kapitel eins bis drei beschreiben die Übernahme der professionell-pädagogischen Verantwortung durch die Lehrkraft als Grundlage für eine erfolgreiche Beziehungsgestaltung mit Schülern mit Verhaltensauffälligkeiten. Zusätzlich werden interaktive Praxisübungen angeboten, mit deren Hilfe die Inhalte weiter durchdacht und erprobt werden können.

Aus Gründen der besseren Lesbarkeit wird auf die gleichzeitige Verwendung männlicher und weiblicher Sprachformen verzichtet. Und schreibe ich „Lehrkraft", so meine ich stets auch alle anderen Berufsgruppen, wenn der Kapitelinhalt in ihren spezifischen Aufgabenbereich im Umgang mit Schülern mit Verhaltensauffälligkeiten fällt.

Verhaltensauffälligkeiten von Schülern werden in diesem Buch als sich wiederholende Muster verstanden, die hinsichtlich schulischer Lern- und Entwicklungsziele nicht erfolgreich sind. Sie haben sich aufgrund ihres früheren Erfolgs in anderen Kontexten verinnerlicht und werden im aktuellen Schulgeschehen weiter eingesetzt, solange keine hilfreichen Alternativen entwickelt sind. Schulische Erziehungsaufgabe ist, dem Schüler für diese Alternativen schulpädagogische Angebote zu machen.

Meinen tiefen Dank möchte ich Martina Stenger-Schirofski und Thomas Kühn für die Mitarbeit an diesem Projekt aussprechen. Ihr wart unersetzlich. Mein besonderer Dank gilt Annabelle Ackermann und Marie Passon für die hilfreichen Korrekturen und Anregungen.

1 | Grundlagen professioneller Beziehungsgestaltung

1.1 Inklusion

Der Artikel 24 der UN-Konvention über die Rechte von Menschen mit Behinderungen ist in Deutschland im Jahr 2009 in Kraft getreten. Er geht auf die Beschulung von Schülern mit oder ohne Beeinträchtigungen ein. Inklusion fordert dazu auf, alle Schüler an einer Schulgemeinschaft teilhaben zu lassen. Hierfür muss die Schule ihre Strukturen, Haltungen und Praktiken durchdenken, eventuell überarbeiten, verändern und dann neu erproben.

Haltung

Schüler mit Verhaltensauffälligkeiten reagieren immer wieder sehr empfindsam auf die verbalen und nonverbalen Botschaften von Erwachsenen. Dies hängt auch damit zusammen, dass sie in ihrer Biografie bereits starken Stress und viele persönliche Kränkungen erfahren haben. Diese Schüler können mitunter sehr empfindsam sein, fühlen sich von Lehrkräften schnell unverstanden und abgewiesen und reagieren dann mit Rebellion oder Rückzug.

Hinderlich für die emotional-soziale Entwicklung dieser Schülergruppe ist das Leistungsmodell, das überwiegend in der Schule praktiziert wird. Unterstützt werden in diesem Modell eher Werte wie Anpassungsfähigkeit und Effizienz. Angestrebt wird die Etablierung von Gleichheitskulturen. Da dieses Modell auf den schnellen Wissenserwerb ausgelegt ist, braucht es den reibungslosen Unterricht; Konflikte stören den Prozess.

Max sitzt am Platz, jedoch ohne die erste Aufgabe zu den Bundesländern zu bearbeiten. Lehrkraft: „Komm', Max, leg los!" Max grinst. Lehrkraft (leicht genervt): „Du musst nur da die Länder eintragen, also los." Kurz nachdem sich die Lehrkraft von Max abgewendet hat, wendet er sich zu einem Sitznachbarn hin, schneidet eine Grimasse. Als der Mitschüler ihn ignoriert, lacht Max. Als die Lehrkraft dies sieht, ruft sie durch die Klasse: „Max, trag' jetzt endlich deine Länder ein, die Zeit ist gleich vorbei, und lass ihn in Ruhe."

Das Leistungsmodell ist kein hilfreicher Denkansatz für Schüler mit Verhaltensauffälligkeiten. Problematisch ist in diesem Modell die Tendenz zu folgender Störungsthese: Wer den Unterricht *stört, will* nicht teilnehmen.

Auch Schüler mit Verhaltensauffälligkeiten wollen lernen, sind aber besonders darauf angewiesen, in den Lernprozess behutsam und annehmend eingebunden zu werden.

Das Leistungsmodell unterstützt jedoch einseitig ein leistungsorientiertes Klima. Gefordert werden von den Schülern die leistungsbedingten Werte. Der hohe Bildungsdruck erschwert es den Lehrkräften, den zunächst häufig nicht angemessenen Verhaltensmustern dieser Schüler mit einer annehmenden Haltung begegnen zu können.

Fühlen sich Schüler mit Verhaltensauffälligkeiten von einer Lehrkraft jedoch nicht angenommen oder sogar abgewertet, greifen sie verstärkt auf ihre Muster zurück.

Dadurch kann sich zwischen ihnen und den Lehrkräften ein Interaktionsmodus entwickeln, der sich mithilfe des Spiels „Whac-A-Mole" symbolisieren lässt: Aus einem Automaten mit Löchern kommen unvermittelt Maulwürfe hervor, die der Spieler mit einem Hammer wieder in die Löcher zurückschlagen muss. Im Verlauf des Spiels kommen die Maulwürfe schneller nach oben und der Spieler muss immer schneller „draufhämmern". Der Fokus des Spielers wird während des Spiels zunehmend durch dessen Funktion (hämmern) geprägt. Im Verlauf des Spiels verengen sich Haltung und Reagieren des Spieler immer weiter auf das möglichst immer schnellere Hämmern. Die Funktion des Spiels verengt zunehmend die Wahrnehmung des Spielers.

So können sich durch zu viel Druck in Richtung eines einheitlichen Wissenserwerbs die Haltung, der Lehrerfokus auf das Schülerverhalten und die Interaktionen verengen.

Die Lehrkraft hat Max mittlerweile an einen Einzeltisch an die Wand gesetzt. Max hat nun einen „Smileyplan" mit dem Ziel: „Ich arbeite zügig." Während in der Erdkundestunde der Smileyplan unter seinem Tisch liegt, dreht sich Max zum wiederholten Male zu seinen Mitschülern um. Stefanie ruft laut: „Frau Zwille, Max dreht sich die ganze Zeit um!" Die Lehrkraft ruft vom Pult aus: „Max, fang jetzt an oder dein Punkt ist gestrichen." Während sich Max wieder umdreht, grunzt er und lacht. Die Lehrkraft geht zu Max (wütend): „Du arbeitest das in der Pause alles nach!"

Sich immer weiter aufschaukelnde Beziehungsdynamiken zwischen Lehrkräften und Schülern mit Verhaltensauffälligkeiten können ihren Ursprung in einer aufgrund des Leistungsprinzips verengten Haltung der Lehrkraft haben. Sie kann dadurch „schwierigen" Schülern weniger mit Offenheit, Gelassenheit und Annahme begegnen.

Das neue Denkmodell der Inklusion verbindet Bildung und Erziehung gleichwertiger miteinander. Die Didaktik der Inklusion rückt dafür die Beziehungen im Schulhaus und Klassenraum in den Vordergrund. Unterschiede werden als Entwicklungspotenziale erkannt und akzeptiert. Die Gegensätze werden als real und wertvoll angesehen. Jeder soll mit seiner Individualität erfolgreich am Leben und Lernen der Schulgemeinschaft teilnehmen können. Konflikte werden nun als Chance postuliert. In den Spannungen (spannungsgeladene Emotionen, gegensätzliches Verhalten, usw.) liegen immer auch die Möglichkeiten für die Entwicklung der Persönlichkeiten der Schüler und dadurch für eine erfolgreiche Umsetzung des Erziehungsauftrags. Angestrebt wird in der Inklusion eine Verschiedenheitskultur: eine Einheit im Unterschied. Aus dem inklusiven Blickwinkel ergeben sich veränderte Fragen:

1. Wie können Schulsituationen mit einer aufbauenden Resonanz für einzelne Schüler gestaltet werden und ebenso mit einer die Klassengemeinschaft verbindenden Resonanz?
2. Wie kann mit unangenehmen Spannungen und auftretenden Konflikten im Schultag problemlösend umgegangen werden?

Praxis

Der erste und wichtigste Praxisansatz des inklusiven Modells ist die Gestaltung eines Klimas, in dem sich die Schüler angenommen und eingebunden fühlen. Damit Schüler und Lehrkräfte ein inklusives Wertegefühl entwickeln können, müssen die Werte erfahr- und spürbar gemacht werden. Dazu müssen sie zu Normen ausformuliert werden.

Erst über Normen entsteht ein Beziehungsrahmen, an dem sich alle orientieren können. Indem Normen eingeübt und Schwächen angenommen sowie für andere zu einem Signal der Unterstützung werden, kann sich allmählich ein Gefühl von Gemeinschaft entwickeln. In dieser Gemeinschaft können Schüler und Lehrkräfte – jeweils in ihren jeweiligen Aufgabenbereichen – immer verantwortungsbewusster handeln.

Inklusive Prozesse in einer Schule brauchen Zeit. Es ist eine Gemeinschaftsaufgabe, die von der Schulleitung geführt und von allen Kollegen getragen werden muss. Folgende Fragen können eine Gesprächsgrundlage bilden:

- Wie wollen wir mit unseren Schülern umgehen, wie nicht?
- Worauf legen wir Wert? Was soll für unsere Schule stehen?
- Wie verstehen wir einen Wert? Wie kommt dieser zum Tragen?
- Wie können wir Werte erfahr- und fühlbar machen?
- Wie praktizieren wir Werte im Schulhaus, wie in den Klassen?
- Wie können wir die Einzelaktivitäten wieder zusammenführen?
- Woran können wir erkennen, dass der Prozess erfolgreich ist?
- Wollen wir aus den Werten eigene Schulprinzipien gestalten?

Der offene Austausch im Kollegium über Werte kann Schritt für Schritt ein bei allen ähnliches Verständnis, Sprache und Blick auf die Situationen des Schultages anregen (Abb. 1). Schulprinzipien (Kap. 2.1) können einen öffentlichen Beziehungsrahmen anbieten.

Hier gilt das Credo: Was wir wollen, das Schüler tun, das tun wir selbst!

Ebenso kann ein inklusiver Prozess bei jeder einzelnen Lehrkraft beginnen. Dafür können folgende Fragen helfen:

- Welche Werte und Tugenden sind mir wichtig?
- Wie hebe ich die Tugenden meiner Schülern hervor?
- Wie binde ich Werte und Normen in den Unterricht ein?
- Kann ich das Thema im Kollegium eventuell ansprechen?

Abb. 1: Werte aus dem „Index für Inklusion“ (Beschreibung der Werte u. a. in Kersten 2012)

Fazit

Der Lehrerberuf ist im 21. Jahrhundert sehr komplex geworden. Durch das Zusammentreffen von Inklusion und Flüchtlingskrise hat sich die Schulrealität stark verändert. Großen Respekt verdient das Engagement der Lehrpersonen an den sogenannten Brennpunktschulen! Inklusion ist ein wertvolles Schulmodell, das aber die Verantwortungsübernahme auf der Ebene der Bildungspolitik braucht. Großer Bedarf herrscht auf der Ebene der Lehrerressourcen, insbesondere für die inklusive Grundschule. Inklusion braucht eine Weiterentwicklung von einer ausschließlich fachorientierten Ausrichtung in Richtung einer sozialen Lerngemeinschaft. Notwendig wäre eine Veränderung des Stundenplans. Die Einführung eines inklusiven Unterrichtsfaches, z. B. Soziales Lernen, könnte als eine „Wir-für-uns-Stunde“ umgesetzt werden, in der die Schulklasse anhand aktueller relevanter Themen gemeinsam lernt und es Raum für Gesprächsprozesse gibt.

Die Didaktik der Inklusion ist zwar keine spezifische Pädagogik für Verhaltensauffälligkeiten, bietet aber im Kern an, was diese Schüler brauchen: ein sie aufbauendes Wertegefühl und das Einüben von Normen anhand von aktuellen Themen. Hiervon profitieren natürlich auch alle anderen Schüler. Eine Kultur der gegenseitigen Unterstützung, des Mitgefühls und der Akzeptanz von Stärken und Schwächen bei gleichzeitiger Verantwortlichkeit bereichert ausnahmslos jeden Menschen.

Inklusive Werteerziehung

1. Bitte lesen Sie sich die Normen des Fragebogens durch. Wählen Sie max. sechs aus. Sie können eigene Normen aufstellen und auswählen.
2. Bitte ordnen Sie Ihren sechs Top-Normen einen Wert oder mehrere zu.

Erklärung zum Fragebogen: Bei den angegebenen Normen handelt es sich um Normenstrukturen, die für den Unterricht weiter konkretisiert werden müssten (Kap. 2.1). Einer Norm können durchaus mehrere Werte zugeordnet werden, was zum einen damit zusammenhängt, dass Werte unterschiedlich verstanden werden können, zum anderen sind gesellschaftliche Werte immer miteinander verbunden.

	meine Top-Normen	Werte
1. Lehrkräfte betonen Stärken; Schüler können eigene Stärken und die von Mitschülern betonen.		
2. Lehrkräfte setzen Grenzen; Schüler können die eigenen Grenzen verdeutlichen, z. B. „Stopp!" und die Grenzen ihrer Mitschüler erkennen und beachten, z. B. ein „Stopp!" oder ein „Bitte" respektieren.		
3. Lehrkräfte übertragen Schülern verantwortungsvolle Tätigkeiten, z. B. Lernhelfer oder Schulpate sein zu können.		
4. Gefühle und Belastungen (z. B. Ärger, Sorgen) werden gezeigt, angesprochen und akzeptiert.		
5. Lernen ist ein Gemeinschaftsprozess, z. B. üben Schüler der Klasse an Gemeinschaftszielen.		
6. Es herrscht eine positive Feedbackkultur. Konstruktive Feedbacks gehen in alle Richtungen.		
7. Es werden Bezüge geschaffen zur Natur oder zu den traditionellen Wurzeln in der Umgebung.		
8. Die Meinungen der Schüler sind gefragt; sie können bestimmte Entscheidungen beeinflussen.		
9. Die Schüler lernen, sich zu kümmern, z. B. um ältere Personen, Mitschüler, Tiere oder Pflanzen.		
10. Die Würde der Person ist unantastbar. Kein Schüler, unabhängig davon, was er tut, wird abgewertet.		
11. Verantwortung wird gemeinsam getragen, z. B. für das Organisieren/Planen und Durchführen von Gemeinschaftsaktivitäten der Schule, der Verschönerung des Schulgebäudes oder Klassenraumes.		
12. Es herrscht eine positive Fehlerkultur. Die Fehler können von allen offen angesprochen werden.		
13. Schwächen bieten einen Anlass zur Unterstützung; Schüler trauen sich, Schwächen zu zeigen.		
14. Es herrscht eine Konfliktkultur, bei der jeder für seine Konfliktanteile die Verantwortung übernimmt.		
15. Alle Schulteilnehmer zeigen Hilfsbereitschaft und gehen rücksichtsvoll miteinander um.		
16. Lernen findet in einem Rahmen der positiven Fürsorge und des gegenseitigen Kümmerns statt.		
17. Die Schulteilnehmer kritisieren sich, jedoch immer in der Absicht, den anderen zu unterstützen.		

1.2 Pädagogische Autorität

Schüler mit Verhaltensauffälligkeiten brauchen für einen gesunden sozialen Entwicklungsprozesses die Unterstützung von Lehrkräften, die ihre „Autorität" für konstruktive Beziehungsprozesse nutzen.

Haltung

Eigene Erfahrungen und Gespräche mit Lehrkräften zeigen, dass der Umgang mit Schülern mit Verhaltensauffälligkeiten eine erhebliche Ursache von Überforderung und Verunsicherung sein kann. Diese Schüler provozieren immer wieder Situationen, in denen es Lehrkräften schwer fällt, ihre Emotionen und das Handeln weiter zielführend zu steuern. So stellen Verhaltensauffälligkeiten von Schülern immer wieder neu die persönliche Integrität der Lehrkraft auf die Probe.

Es ist ein wichtiger Bestandteil eines professionellen Wachstumsprozesses, diese Ohnmachtserfahrungen zu reflektieren. Gerade dies kann die berufliche Souveränität und Autorität entwickeln.

Dagegen zeigen zwei veröffentlichte Praxisbeispiele aus der „Halligruppe" die Folgen, wenn Erwachsene ihre Hilflosigkeit in Kombination mit fehlender persönlicher Reife unreflektiert in ihre Autorität einfließen lassen. Mit Methoden der sogenannten „konfrontativen Pädagogik" verfolgt diese Kinder- und Jugendhilfemaßnahme das Ziel, Grundschüler mit Verhaltensauffälligkeiten rückzuschulen.

Regeleinhaltung: „[...] Die Kinder beginnen, den Erwachsenen und sich gegenseitig lebhaft von ihrem Schulalltag zu erzählen. Xaver (Pädagoge) ermahnt Malte (Kind), den Arm zu heben beim Essen. Xaver steht auf, geht zu Malte und nimmt ihm das Besteck weg: ‚Du kannst ohne Besteck weiter essen.' Er setzt sich wieder hin. Malte rührt sich nicht. Xaver (lauter): ‚Du isst wie ein Schwein, Malte! Du brauchst kein Besteck. Wenn du isst wie ein Schwein, kannst du es auch richtig machen. Iss!' Malte weint. Ansonsten bewegt er sich nicht. Nach einer Weile steht Xaver auf, nimmt die Hände des Jungen, vermengt mit diesen die Nahrung auf dem Teller und stopft ihm das Essen in den Mund. Dabei sagt er mit lauter fester Stimme: ‚Iss doch! Wie ein Schwein, Malte, wie ein Schwein!'" (Musial/Trüter 2005, 219).

Selbstverantwortung/Zu Fehlern stehen: „[...] Wolf (Pädagoge) steht auf, geht zu Emil (Kind) und schreit: ‚Emil, steh auf.' Emil steht auf. Er weint bereits. [...] Wolf nimmt Emils Stuhl und lässt ihn mit Wucht auf den Boden fallen. Alle schrecken zusammen. [...] Wolf (laut): ‚So groß? So groß also und du warst größer und konntest sie beschimpfen. Kleine Mädchen beschimpfen?!' – (ruhiger): ‚Aber du hast deiner Lehrerin gesagt, man hat dich verwechselt. Du warst es gar nicht. [...] Emil (leise): ‚Doch, ich war das.' [...] Wolf dreht sich um: ‚Du hast doch gesagt, du warst es nicht. Also bist du unschuldig.' Emil (kräftiger): Doch, ich war es!'" (Musial/Trüter 2005, 219 f.).

Erich Fromm (1980) ordnet solch einen affektiv-strafenden Stil der irrationalen Autorität zu, deren Motivation stets die Macht über Menschen ist. Die Vergrößerung der Macht strebt sie auf Kosten des Unterlegenen an. Die Wurzel für die Machtausübung liegt nach Fromm in der nicht integren Persönlichkeit begründet. Sie ist unsicher, weil sie sich selbst noch nicht voll entwickelt hat, ihren eigenen Überzeugungen nicht traut, an sich selbst zweifelt. Fromm reflektiert das Machtstreben als einen verzweifelten Versuch der Person, sich äußerlich zu stabilisieren, weil es ihr innerlich an Stabilität fehlt.

Warum also weinen Malte und Emil? Sie weinen – nach meiner Einschätzung –, weil niemand für ihre zerbrechlichen Gefühle und Gedanken eintreten kann. Ihre Hoffnung auf Unterstützung durch Erwachsene wird abermals enttäuscht.

Nach Ruppert (1959) haben Autoritäten, die Beziehungen erzeugen, die auf der Unterdrückung des Unterlegenden basieren, kein echtes Interesse an dessen Entwicklung. Vielmehr berge der Zwang stets den Verdacht in sich, dass er nur zum persönlichen Vorteil geschieht.

Die Furcht des Schülers vor sanktionierenden Maßnahmen entsteht über diese Zwangsbeziehungen, wie die von Bröcher (2010, 123) beschriebenen Praktiken einer sich „konfrontativ" titulierenden Förderschule für emotionale und soziale Entwicklung verdeutlichen können.

„Zuerst mussten die Jungen aufstehen, um die hereingetretene Lehrerin oder Leiterin zu begrüßen. Dies wurde stets zu einer zeitraubenden Prozedur. Es begannen Maßnahmen oder Belehrungen. Die Damen gaben den Schülern lange Schreibarbeiten auf. Am nächsten Tag kamen sie wieder, um das Geforderte einzusammeln, wieder die Prozedur des Geradestehens. Es war aber zumeist nichts Geschriebenes da. Das Schreibpensum wurde verdoppelt und vervierfacht, Klassenkonferenzen, die Einbestellung der Eltern angekündigt, mit weiteren ‚Maßnahmen' gedroht."

Der Stil der Zwang ausübenden Autorität ist geprägt durch Dominanz und Unterwerfung aufgrund der sie antreibenden Botschaft: „Will ich bestehen, so müssen sie verlieren."

Die Methoden von Zwang und Kontrolle sind verführerisch; wer sie beherrscht, hat oft einen störungsfreien Unterricht. Sie transportieren jedoch eine hohe Frustration in die Klasse, die sich später als Rebellion und Wut kanalisieren muss (Klein/Krey 1998).

Die mit autoritärem Zwang geführten Schulklassen zeichnen sich durch einen Mangel an einfühlsamen Beziehungen der Schüler untereinander aus. Die sozialen Verhaltensweisen der Schüler wirken dann eher gefühllos und automatisiert. Andererseits verhindern auch Lehrkräfte, die nicht klare Grenzen ziehen, Regeln durchsetzen und sich den Schülern vor allem von ihrer netten Seite zeigen wollen, ein prosoziales Klassenklima. Vielmehr erhöhen sie die Wahrscheinlichkeiten einer sich aufschaukelnden irrationalen negativen Gruppendynamik.

Manche zu sehr gewährende Lehrkräfte rechtfertigen einen chaotischen Unterricht mit einer persönlichen Motivation, wie z. B. „Ich möchte nicht strafend, sondern menschlich sein." Dies bedeutet jedoch, dass der vermeintliche Machtverzicht mit einem Verzicht auf Ausübung der Verantwortung verwechselt wird (Heymann 2006) und Rollenbeziehungen nicht klar geklärt werden.

Praxis

Die Ethik der pädagogischen Autorität ist die Anerkennung der Gleichwertigkeit der Personen als Menschen. Jedoch sind Lehrkraft und Schüler nicht gleichberechtigt: Die Lehrkraft verfügt über Autorität, da sie die Lehrbefähigung hat; der Schüler wird ihr zeitlich begrenzt unterstellt, um Inhalte zu lernen.

Dieses Verhältnis beschreibt Fromm (1980) als rationale Autoritäts-Beziehung, bei der die Lehrerautorität das Vorbild ist, sich aber dann zurücknimmt, wenn der Schüler sich dem Vorbild entsprechend verantworten kann. Die Lehrerautorität qua Amt ist also ein Vorschuss, um darauf aufbauend eine pädagogisch sinnvolle Autorität als Beziehungsqualität aufzubauen. Autorität ist dann keine Eigenschaft der Person, sondern steht für die Fähigkeit der Lehrkraft, Beziehungen förderlich zu gestalten. Sie misst sich an den Beziehungsqualitäten, die sich in Klassen entwickeln.

Die pädagogische Autorität regt damit bewusst etwas an, das für den Entwicklungsprozess der Schüler wichtig und hilfreich ist: Sie begleitet und unterstützt, ohne in eine bestimmte Richtung zu drängen. Sie korrigiert, ohne zu entwerten. Sie sorgt, ohne zu entmündigen. Sie nimmt die Veränderungen im Lern- und Entwicklungsprozess wahr.

Die Ausbildung und Festigung einer integren Lehrerautorität ist ein beständiger Prozess der Reflexion, der Mut zur Selbstkritik einschließt. Diese Fragen können eine Reflexionsgrundlage bilden:

- Wie ist meine Beziehung zum Begriff „Autorität“?
- Mit welchen Erziehungsmitteln führe ich den Unterricht? Welche sind hilfreich, welche eher nicht?
- Werde ich Schülern gegenüber ungerecht, wenn ich unter Stress gerate? Falls ja, was kann ich verändern?
- Setze ich Autorität ein, um die Beziehungen zu Schülern hilfreich zu gestalten? Falls ja, wie mache ich es? Falls nein, wie könnte ich sie sinnvoll einsetzen?
- Setze ich Autorität ein, um ein positives Klima in Klassen zu gestalten? Falls ja, wo liegen meine Erfolge? Falls nein, wie könnte ich sie dafür sinnvoll einsetzen?
- Setze ich Autorität ein, um positive Beziehungen zwischen Schülern zu fördern? Falls ja, was beobachte ich? Falls nein, wie könnte ich sie sinnvoll einsetzen?
- Setze ich Autorität ein, um positive Beziehungen zu den Eltern der Schüler zu gestalten. Falls ja, was sind die erfolgreichen Aspekte im Bereich der Elternarbeit? Falls nein, wie könnte ich sie dafür sinnvoll einsetzen?

Fazit

Für Schüler mit Verhaltensauffälligkeiten besteht die Chance gerade darin, sich an einer neuen Autorität orientieren zu können, über die sie neue Modelle des hilfreichen Denkens, Fühlens und Handelns erwerben können. Diese neuen Möglichkeiten bieten die Chance, sich über die Erweiterung erworbener Muster neu zu verhalten.

Verhaltensmodelle in der Schule, die ihre Ziele mit Zwang, Druck und Gewalt durchsetzen und Schüler manipulieren, aber auch diejenigen, die keine klaren Unterrichtsstrukturen anbieten, sind wenig hilfreich.

Hinderliche vs. förderliche Autorität

1. Bitte reflektieren Sie, welche Lehrereinstellungen oder -verhaltensweisen für Sie eine hinderliche Autorität ausmachen. Sie können dies stichpunktartig notieren.
2. Wie kann Ihrer Meinung nach dagegen die Autorität als eine positive Beziehungsverantwortung genutzt werden? Sie können dabei an eine konkrete Schulsituation denken und Ihre Ergebnisse stichpunktartig notieren.

Eine hinderliche Autorität besteht für mich, wenn …

Eine förderliche Autorität/Beziehungsverantwortung besteht für mich, wenn …

1.3 Lehrerrolle – Schülerrolle

Die individuelle Entwicklungsgeschichte eines Menschen kann auch als eine Folge der Entwicklung von unterschiedlichen sozialen Rollen betrachtet werden, mit deren Hilfe Menschen in Beziehung zu ihren Lebensbereichen treten. Zu jeder Rolle gehören bestimmte Erwartungen und Aufgaben, die von der Gesellschaft aufgetragen werden. Über diese Erwartungen und Anforderungen lassen sich Rollen voneinander abgrenzen. Mit jeder Rolle, die eine Person einnimmt, verbinden sich unterschiedliche Arten von Beziehungen (Laub Coser 1999).

Haltung

Erfahrungen aus dem Lehrerberuf zeigen, dass Lehrkräfte im Umgang mit Schülern mit Verhaltensauffälligkeiten verstärkt psychosozialen Belastungen ausgesetzt sind. Zur allgemein hohen Belastung im Lehrerberuf (Kap. 4) kommen hierbei spezifische Gefahren für negativen Stress hinzu. Dazu gehören der Entscheidungs- und Handlungsdruck in der Konfrontation mit dem Schülerverhalten und die im Nachhinein belastende Frage nach der Angemessenheit des eigenen Handelns. Kräftezehrend sind die im Unterricht oder in der Reflexion auftretenden eigenen unangenehmen Gefühle wie Ärger und Überforderung sowie die Einblicke in die lebensgeschichtlichen und familiären Zusammenhänge.

Der Versuch der Verarbeitung dieser Belastungen erfolgt oft erst im privaten Bereich. Wenn sich dabei das Verantwortungsgefühl der Lehrkraft für eine Verhaltensänderung zu sehr auf Bereiche ausdehnt, die pädagogisch wenig beeinflussbar sind, so kann dies die Überzeugung von der beruflichen Wirksamkeit gefährden.

Der Schutz der eigenen Ressourcen bei gleichzeitigem erfolgreichen Umgang mit Schülern mit Verhaltensauffälligkeiten erfordert eine Präzisierung des Arbeitsgebietes, mit dessen Hilfe der Balanceakt zwischen professionellem Engagement und Distanzierung stets neu vollzogen wird.

Für diese notwendige Klärung kann das Korridormodell, entwickelt von meiner Kollegin Fr. Stenger-Schirofski und mir, genutzt werden (Abb. 2; Übung

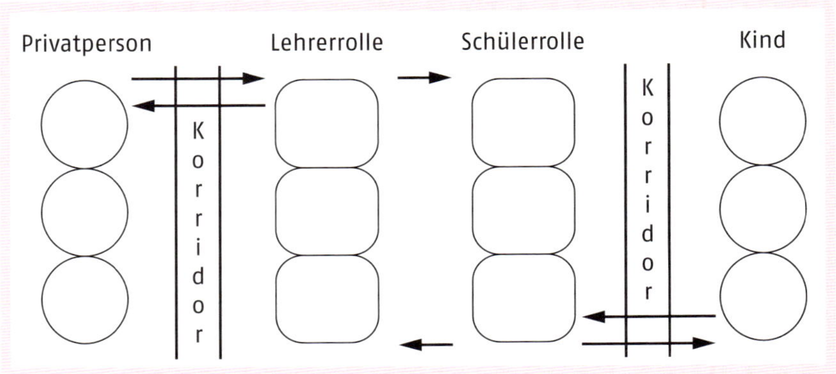

Abb. 2: Korridormodell. Ein Modell zur Kontext- und Rollenklärung

am Ende von Kap. 1.3). Durch die im Modell vorgenommene Abgrenzung von Kontexten und Rollen lassen sich z. B. Verantwortlichkeiten beschreiben.

Der Schuleintritt ist für junge Menschen

> „ein Moment des Übergangs aus einer natürlichen in eine gesetzte, regelmäßige Zeitordnung und aus dem Leben in einer Primärgruppe in ein solches innerhalb einer Institution" (Thomae 1972, 281).

Mit ihm verbindet sich die Rollenerwartung, zwischen unterschiedlichen Orten, Zeiten und Personen zu differenzieren und kindliches Verhalten hinsichtlich der schulischen Bedingungen nun anzupassen.

Diese Differenzierung muss jedoch erst gelernt werden. Sofern aber eine Anregung über Lehrkräfte ausbleibt, deuten Kinder die neuen Situationen aus den Erfahrungen ihrer individuellen Biografie. Auf dieser Grundlage prüfen und interpretieren sie ohne hilfreiche Unterstützung die neuen Erwartungen (Jung-Strauß 2000).

> Schüler mit Verhaltensauffälligkeiten brauchen für einen angemessenen Umgang mit den neuen Erwartungen regelmäßig die Information, dass sich Verhalten in der „Schule" unterscheidet von den Verhaltensweisen aus schulfernen Kontexten wie „Zuhause", „Freunde" oder einem „Jugendtreff".

Besonders Schülern mit Verhaltensauffälligkeiten kann die „Schülerrolle" einen Orientierungsrahmen bieten, der sie darin unterstützt, schrittweise Handlungssicherheit zu entwickeln. Sie ermöglicht ihnen neue sachliche Erfolge, die gerade dadurch erreichbar werden, weil die „Schülerrolle" den Entwicklungsraum eingrenzt und dadurch präzisiert. Dies unterstützt den Schüler darin, Schritt für Schritt ein positiveres Selbstkonzept zu entwickeln.

Bei Schülern mit Verhaltensauffälligkeiten kann sich durch die Eingrenzung von Bereichen ein positives Selbstkonzept stabiler entwickeln.

Dem Schüler ermöglicht die Unterscheidung zwischen seiner Person und Rolle, für sich eine Grenze zwischen „privat" und „schulisch" zu ziehen. Dies ist die Voraussetzung dafür, sich im Unterricht von persönlichen belastenden Umständen besser abzugrenzen.

In der Sachlichkeit der Schülerrolle schwingt eine Grenze mit, selbst bei stark auffälligem Verhalten der Schüler dennoch nicht deren Persönlichkeit abzuwerten.

Indem wir „Lehrer" und „Schüler" sagen, begrenzen wir die Beziehung auf zwei Rollen mit den Funktionen „Lehren" und „Lernen". Die Gestaltung dieser pädagogischen Beziehung liegt in professioneller Verantwortlichkeit.

Praxis

Die Übernahme der Verantwortung für Beziehungsprozesse mit Schülern beginnt mit der Reflexion der eigenen professionellen Rolle. Fragestellungen dafür können z. B. sein:

- Was ist mein beruflicher Auftrag, was nicht?
- Was ist der pädagogische Auftrag, was nicht?
- Welche Rahmenstrukturen sind erzieherisch zielführend? Welche Verantwortlichkeiten und Aufgaben ergeben sich bezogen auf den Unterrichtsrahmen für meine Rolle?

- Welche Interaktionsstrukturen sind erzieherisch zielführend? Welche Verantwortlichkeiten und Aufgaben ergeben sich bezogen auf Interaktionen in meiner Rolle?
- Was sind meine konkreten Erwartungen an Schüler?
- Welche Aufgaben ergeben sich daraus für Schüler?
- Wo liegen die Verantwortlichkeiten von Schülern?
- Was sind meine Konsequenzen und wie stufe ich sie ab?

Mit der Erarbeitung einer eigenen Rollen-Konzeption kann die Lehrkraft ihre Sicht auf eigene pädagogische Möglichkeiten und Grenzen verbessern. Eine möglichst klare Definition der eigenen Rolle ist hilfreich, um Erwartungen gegenüber Schülern eindeutig zu formulieren.

Die Integration der Begriffe „Erwartung“, „Aufgabe“ und „Verantwortung“ in die Lehrersprache unterstützt Schüler mit Verhaltensauffälligkeiten darin, ihr Fühlen, Denken, Wollen und Verhalten zielführend auf die gegenwärtigen Erfordernisse ausrichten zu können.

Erwartungen beschreiben, was Schüler zu tun oder zu unterlassen haben. Aufgaben sind die kleinschrittigen Tätigkeiten, mit denen die Erwartungen erfüllt werden können. Verantwortung beinhaltet die Pflicht des Schülers, diese zu erledigen. Vernachlässigt er sie, können Konsequenzen erfolgen.

Klarheit bedeutet, dem Schüler immer wieder zu vermitteln, was die Aufgaben sind und was nicht.

Lehrkraft: „Ich erwarte, dass ihr jetzt leise am Platz arbeitet. Mohammed beginnt nicht, sondern schaut herum. Er sagt: „Frau Müller, Sascha hat sein Handy auf dem Tisch." Die Lehrkraft geht zu Mohammed: „Es ist gerade nicht deine Aufgabe, auf Mitschüler zu achten. Deine Aufgabe ist jetzt gerade, dir die Aufgabenstellung von Nr. 1 durchzulesen und sie schriftlich zu beantworten. Und wenn du eine Frage hast, dich leise zu melden. Dann komme ich zu dir."

Oft pochen Schüler mit Verhaltensauffälligkeiten mehr oder weniger vehement auf ihre Rechte. Ein wichtiger Lernschritt ist für sie die Erkenntnis, dass mit ihren Rechten stets die Verantwortung für ihre Pflichten verbunden ist.

Luis (7. Klasse) hat einen Fünftklässler auf dem Pausenhof in das Gebüsch geschubst. Lehrkraft: „Luis, ich erwarte, dass du friedlich mit Mitschülern umgehst." Luis: „Der Typ hat aber Sprüche gemacht." Lehrkraft: „Das mag sein. Ich erwarte aber von dir, dass du auf Sprüche anders reagierst. Zu deinem Recht auf eine Schulpause gehört deine Verantwortung, mit Mitschülern rücksichtsvoll umzugehen und das auch in einem Konflikt." (Schüler schweigt.) Lehrkraft: „Was ist jetzt deine Aufgabe?" Luis: „Mich entschuldigen?!" Lehrkraft: „Ja, deine Aufgabe ist, jetzt zur 5. Klasse zu gehen, dort leise anzuklopfen, mit Paul ernsthaft über die Situation zu sprechen und dich für deinen Anteil zu entschuldigen."

Kann sich ein Schüler aufgrund einer momentanen Belastung nicht auf den Unterrichtsprozess konzentrieren, ist es hilfreich, ihn zunächst mit seinen Belastungen anzunehmen und danach von ihm zu erwarten, mit seiner inneren Belastung in der Klassensituation nun verantwortungsvoll umzugehen.

Isabelle beginnt, nachdem sie eine Zeitlang einen Text geschrieben hat, mit Tiergeräuschen. Die Lehrkraft ermahnt sie zweimal, doch Isabelle behält das Verhalten bei. Lehrkraft: „Isabelle, wenn du deine Aufgabe gerade nicht schaffst, ist das okay. Mir ist aber wichtig, dass du dich leise verhältst, damit sich deine Mitschüler konzentrieren können." Isabelle schlägt vor zu malen. Die Lehrkraft erlaubt dies und Isabelle malt leise für sich. Lehrkraft (am Ende der Stunde): „Isabelle, du hast heute Verantwortung für die Arbeitsruhe übernommen. Danke!"

Fazit

Es ist für Lehrkräfte eine hohe Herausforderung, Schüler auch bei schwierigem Verhalten in ihrer Entwicklung zu unterstützen, indem sie eine zuverlässige, tragfähige und kontinuierlich belastbare Beziehung aufrecht erhalten.

Es kostet viel Kraft, beharrlich auf die Grenzen zu verweisen und gleichzeitig positive Seiten des Verhaltens der Schüler zu sehen und ihnen mitzuteilen. Ebenso kostet es Energie, Schüler stets neu zur geistigen Anstrengung anzuregen, die Regeln und Normen zu berücksichtigen, die sich mit dem Lernen in der Institution Schule verbinden.

Als zentrale Kompetenz ist Realismus erforderlich, um die Energie, die das Engagement im Lehrerberuf erfordert, nicht zu vergeuden. Gesunder Realismus beschreibt die Fähigkeit, sich im Beruf zu engagieren und gleichzeitig zu distanzieren und so die Energie effektiv einzusetzen.

Die im Rollenansatz denkende Lehrkraft bezieht das eigene Fühlen und ihre Sprache präziser auf die Erwartungen in den Schulsituationen. Dies stärkt die Priorität der Lernsituation, und Schüler nehmen dies als Interesse wahr.

Modellarbeit

Bitte reflektieren Sie mithilfe des Modells die Kontexte und Rollen. Wie lassen sie sich voneinander abgrenzen? Wie lässt sich der berufliche Kontext präzisieren? Ergeben sich ggf. Konsequenzen für Ihr Denken und Handeln? Falls ja, notieren Sie dies. Sie können sich an den Denkanstößen orientieren.

- Erklärung zum Korridormodell: Das Modell zeigt, dass mit der Rolle als Lehrkraft andere Erwartungen und Verantwortlichkeiten verbunden sind als mit der Rolle als Privatperson. Auch die Schülerrolle grenzt sich von der privaten Rolle des Kindes ab. Zwischen der Schule und dem privaten Bereich liegt der „Korridor“. An jedem Schultag wird er zweimal durchlaufen. Der Korridor kann genutzt werden zur Distanzierung von der persönlichen Situation, um sich auf den Beruf zu konzentrieren, und zur Distanzierung von der beruflichen Situation, um sich auf den privaten Bereich einzulassen. So kann der Korridor ein Raum werden, der beiträgt, sich einzustimmen, zu sammeln und zu entlasten.

Modellausschnitt A

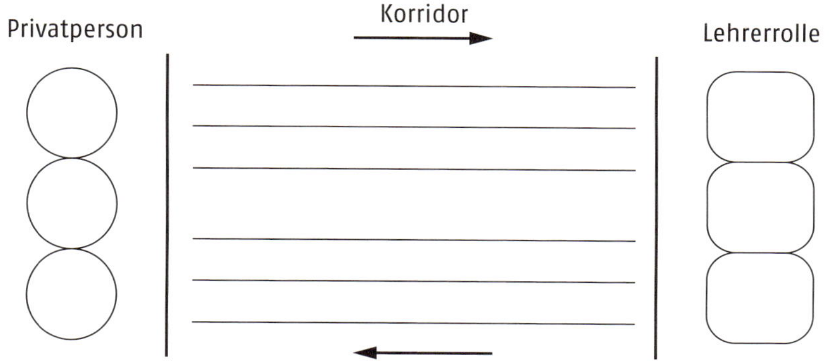

Denkanstöße zum Modellausschnitt A:

- Welche Erwartungen, Verantwortlichkeiten oder Aufgaben rücken mit der jeweiligen Rolle in den Vordergrund?
- Welche Persönlichkeitsmerkmale rücken bei den jeweiligen Rollen in den Vordergrund?
- Welchen Gewinn könnte Ihnen der „Korridor“ bringen, z.B. um etwas mitzunehmen oder zurückzulassen?
- Gibt es für Sie einen bestimmten Ort oder einen Zeitpunkt, der für Sie zu einem „Korridor“ werden könnte?

Modellausschnitt B

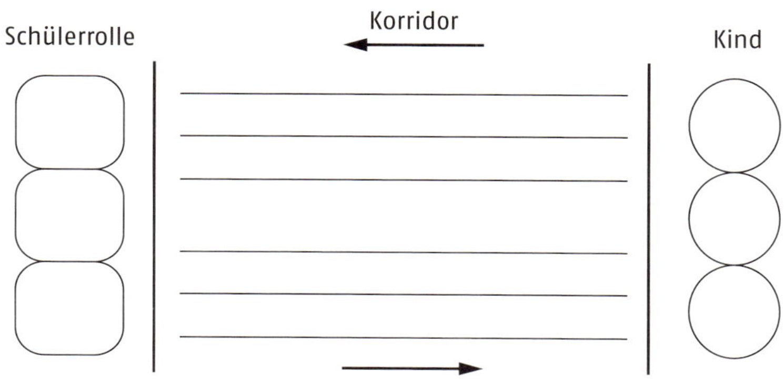

Denkanstöße zum Modellausschnitt B:

- Welche Persönlichkeitsmerkmale rücken in der Schülerrolle in den Vordergrund?
- Welche Erwartungen werden an den Schüler gestellt und welche an die Person im Privatbereich?
- Welche Verantwortung hat ein Schüler und welche bestehen für Kinder/Jugendliche außerhalb?
- Welche Aufgaben bestehen für den Schüler und welche übernimmt ein Kind/Jugendlicher zuhause?
- Was könnte ein Schüler auf dem Heimweg gerne mitnehmen wollen oder lieber dort hinter sich lassen?

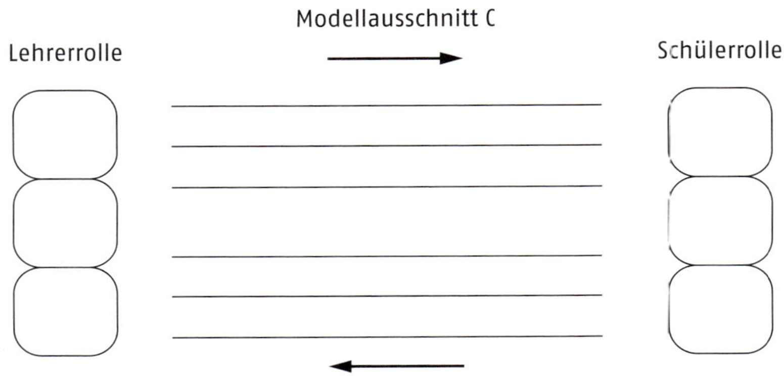

Denkanstöße zum Modellausschnitt C:
- Welche Verantwortlichkeiten ergeben sich für die Lehrerseite?
- Welche Verantwortlichkeiten ergeben sich für die Schülerseite?
- Wie konkretisiert sich der erzieherische Auftrag in der Schule?
- Welche Möglichkeiten und Grenzen ergeben sich für den (schul-)pädagogischen Einfluss?

1.4 Entwicklung im Kontext

Die gelingende Entwicklung lässt sich anhand der erfolgreichen Bewältigung aufeinander folgender Entwicklungsaufgaben beschreiben. Der junge Mensch wird mit bestimmten Herausforderungen konfrontiert. Die jeweiligen Kontexte begrenzen seine Handlungsmöglichkeiten und bieten ihm bestimmte Wahlmöglichkeiten zur Bewältigung von Problemen an.

Haltung

Bateson (1981) versteht Lernen als Erlernen eines Kontextes. Lernen kennzeichnet sich ihm zufolge vor allem dadurch aus, sich immer besser in den verschiedenen Kontexten zu orientieren. Dafür müssen die Strukturen, Abfolgen und Aufgaben verstanden und bewältigt werden.

Die Entwicklung des jungen Menschen lässt sich nicht ohne Kontext beschreiben. Jeder Kontext enthält eigene Lebensmodelle und bietet unterschiedliche Lern- und Wahlmöglichkeiten an. Durch das Verhalten und die Reaktionen der Erwachsenen auf das Verhalten des Heranwachsenden prägen sich eigene Beziehungsmuster aus.

Der Neurophysiologe Singer (2005) charakterisiert den wesentlichen Unterschied des Schulkinds zu dem jüngeren Kind damit, dass jenes durch die Ausreifung der späten Hirnstrukturen den Kontext mit abspeichern kann, in den der Lernprozess eingebettet war. Dadurch kann das ältere Kind seine Entscheidungen bewusst treffen und reflektieren hinsichtlich der Regeln, Normen und Botschaften der Erwachsenen des aktuellen Kontextes.

Die Ausreifung des Verstandes erlaubt die Erweiterung einer bisher unverbindlichen, eher von Wunschdenken geprägten Kindheit in Richtung der Möglichkeit einer Verantwortungsübernahme, die sich auf die Realität der Erwachsenen bezieht. Diese Entwicklung zu unterstützen, ist die zentrale Erziehungsaufgabe der Schule.

Die von verschiedenen Autoren zusammengefassten ausgewählten Entwicklungsaufgaben können dafür Anhaltspunkte bieten, müssen jedoch für pädagogische Ansätze in konkrete Lernschritte aufgeschlüsselt werden. Im Folgenden werden die wichtigsten Entwicklungsaufgaben der mittleren Kindheit und des Jugendalters zusammengefasst.

Entwicklungsaufgaben in der mittleren Kindheit (6 – 12 Jahre):

1. Aufbau einer positiven Einstellung zu sich selbst,
2. Lernen, mit Gleichaltrigen soziale Kontakte zu gestalten und Freundschaftsbeziehungen aufzubauen,
3. Erwerb grundlegender Fertigkeiten im Lesen, Schreiben und Rechnen,
4. Entwicklung einer Werteskala,
5. Entwicklung einer persönlichen und realistischen Selbstbestimmung,
6. Entwicklung von Einstellungen gegenüber Gruppen und Institutionen,
7. Erlernen eines angemessenen Rollenverhaltens und
8. Erwerb von Denkmodellen, die für das Alltagsleben erforderlich sind.

Entwicklungsaufgaben im Jugendalter (12 – 18 Jahre):

1. Vertiefung von partnerschaftlichen und freundschaftlichen Beziehungen,
2. Weiterentwicklung eines erfolgreichen, flexiblen Rollenverhaltens,
3. Klärung der Selbstbestimmung, auch durch Abgrenzung von allgemeinen Ordnungen und Botschaften der Erwachsenen,
4. Auseinandersetzung mit dem eigenen Körper, dem Geist und der Seele,
5. Auseinandersetzung mit den Themen des Erwachsenenlebens, u. a. Beruf, Einkommen, Wohnung, Partnerschaft, Bedürfnis nach Bindung und Freiheit,

6. Entwicklung von Kriterien eines verantwortungsbewussten Handelns,
7. Integration von Einstellungen, Werten, Normen, Zielen, Denk- und Beziehungsmodellen als Leitfaden für das eigenständige Handeln und
8. Erkennen, dass die Weiterentwicklung der eigenen Person ein ständig weitergehender Prozess ist, der selbst aktiv betrieben werden muss.

Praxis

Die bekannten Ausführungen Lew Wygotskis (1987) zur „Zone der nächsten Entwicklung" geben wichtige Hinweise für eine unterstützende Erziehung. Diese regt den Schüler stets ein Stück über seinem aktuellen Entwicklungsstand an. Erzogen wird der Schüler konsequent in Richtung des nächsten Schritts zwischen dem Ist- (Ausgangssituation) und dem Soll-Zustand (Entwicklungsziel). Dadurch, dass Wygotski die Bedeutsamkeit der Übergänge in einem Entwicklungsprozess hervorhebt, bestimmt er die Kernbedingung von Erziehung: Sie muss mit ihrem Vorgang Lernschritt für Lernschritt anregen können.

Entwicklung ist kein Sprung vom Nicht-Können zum Können. Sie ist der Erfahrungsprozess, der zwischen den Übergängen von einer zur anderen Seite passiert.

Für Wygotski waren im Entwicklungsprozess die Beziehungserfahrungen des Kindes der bestimmende Faktor:

„Jedermann muss anerkennen, dass sich zu Beginn jeder Altersperiode eine völlig eigene, für die jeweilige Altersstufe spezifische, einzigartige und unwiederholbare Beziehung zwischen dem Kind und der es umgebenden Wirklichkeit, vor allem der sozialen, herausbildet. Die Beziehung bezeichnen wir als die soziale Entwicklungssituation der entsprechenden Altersstufe. Sie ist das besondere Ausgangsmoment für alle im Verlaufe der jeweiligen Periode stattfindenden dynamischen Veränderungen in der Entwicklung. Sie bestimmt voll und ganz die Art und Weise, auf die das Kind immer neue Persönlichkeitseigenschaften erwirbt, indem es aus der sozialen Wirklichkeit, die Hauptquelle der Entwicklung, schöpft, den Weg, auf dem Soziales zu Individuellem wird" (Wygotski 1987, 75).

Die Lehrkraft sollte sich also für die Unterstützung der Entwicklung des Schülers an den Entwicklungsaufgaben der jeweiligen Altersspanne orientieren und diese sinnvoll einbeziehen können.

Beispielhafte Übersetzung einer Entwicklungsaufgabe in Lernaufgaben für die konkrete Unterstützung der Entwicklung einer persönlichen und realistischen Selbstbestimmung (mittlere Kindheit/6–12 Jahre)

Konkrete Lernaufgaben sind:

- die Realität zu erkennen und zu beschreiben, wie sie ist,
- den Schulkontext mit seinen Bedingungen, Möglichkeiten und Grenzen zu erkennen, sich realistische Ziele zu setzen und Gedanken darüber zu machen, wie diese konkret zu erreichen sind,
- Ziele/Absprachen umzusetzen,
- die unterschiedlichen emotionalen Bedürfnisse in unterschiedlichen sozialen Bereichen (Familie/Schule) oder Situationen (Unterricht/Pause usw.) verankern zu können,
- die Verantwortung für das eigene Erleben und Verhalten wahrzunehmen und übernehmen zu lernen,
- Eigenständigkeit durch das Loslassen von Botschaften und Mustern der frühen Biografie zu entwickeln,
- eigene Meinungen und Einstellungen zu bilden,
- „Nein!" sagen zu können,
- eigenständiges Denken und Fühlen zu praktizieren,
- Entscheidungen zu treffen,
- verantwortungsbewusstes Handeln zu erlernen.

Pädagogische Ansätze sind:

- Grenzen setzen,
- Klärung der Kontextbedingungen,
- Hinweise auf auf die Unterschiede zwischen Lebensbereichen und Rollen,
- Stellen von offenen Fragen,
- Gestaltung eines Gesprächsklimas der Offenheit und Rücksichtnahme,
- offene Thematisierung von Schwächen, Stärken, Interessen, Meinungen, aktuellen Gefühlen und Gedanken,
- Vermittlung von Möglichkeiten zur äußeren Grenzsetzung, z. B. Stoppregel in drei Schritten,
- Angebot von Denkmodellen zur inneren Abgrenzung (Kap. 3.12),
- Konfrontation mit Standardaussagen, vordergründigen Argumenten und unverantwortlichen Verhaltensmustern,
- verstärkter Einbezug von Schülern in verantwortungsvolle Entscheidungsprozesse.

Fazit

Zwar binden sich die Veränderungen oder Stabilisierungen bei Kindern und Jugendlichen an eine Altersspanne, doch das Alter hat keine eindeutig kausale Bedeutung für Entwicklung. Entwicklung geschieht vielmehr, weil bestimmte Beziehungsprozesse eine Veränderung bewirken.

Da bei Schülern mit Verhaltensauffälligkeiten der soziale Entwicklungsstand oft deutlich von den allgemeinen Erwartungen für das jeweilige Alter abweicht, beziehen sich die Erziehungsanregungen auch bei älteren Schülern oft auf Lernschritte in der mittleren Kindheit.

Die häufigsten Ursachen der Entwicklungsverzögerungen liegen in einem unzureichenden und durch Medienkonsum fehlgeleiteten Angebot an natürlichen Reizen und Erfahrungen und dem Fehlen von stabilen und liebevollen Beziehungen der Eltern zu ihren Kindern. Zusätzlich kann Entwicklung durch schwerwiegende psychische Verletzungen (Kindheitstrauma) blockiert sein. Die Schule hat keinen Einfluss auf die frühe Erziehung im Elternhaus, kann aber Schülern ein Lernangebot unterbreiten, das sich von ihren Erfahrungen aus der Primärsozialisation unterscheidet. Bei Angeboten des sozialen Lernens profitieren Schüler mit Verhaltensauffälligkeiten besonders von der sie unterstützenden und begleitenden Beziehungskontinuität.

Entwicklungsaufgaben im Lebenslauf

1. Sie können das Übungsbeispiel lesen und es eventuell noch ergänzen.
2. Sie können nun eine weitere Entwicklungsaufgabe auswählen und sie konkretisieren, um pädagogische Ansätze zu gewinnen.

Entwicklungsaufgabe: Klärung der Selbstbestimmung, auch durch Abgrenzung von allgemeinen Ordnungen und Botschaften der Erwachsenen (Jugendalter 12–18)

Zu einer erfolgreichen Bewältigung können folgende konkrete Lernschritte des Schülers beitragen: schrittweises Lösen aus der Bestimmung der Erwachsenen; angemessener Umgang mit den größeren Freiheitsspielräumen; kritisches Überprüfen der Sinnhaftigkeit der gesammelten Einstellungen, Werte, Ziele, Botschaften, usw. der Erwachsenen, diese im Verhalten weiterhin berücksichtigen und gleichzeitig davon abgrenzen und sie gemeinschaftlich weiterentwickeln; Verantwortungsübernahme für den Umgang mit dem eigenen Erleben und Verhalten übernehmen, d. h., mit den inneren Spannungen und äußeren Konflikten verantwortungsvoll umgehen

Pädagogische Ansätze:
Grenzen setzen und bei älteren Schülern bei konstruktiven Gesprächen bewusst Kulanz zeigen; Gesprächsstil wohlwollend-sachlich-distanziert, um Schülern Freiräume für Entwicklung zu geben; Schülern ab der Sek 1 die jetzt notwendige Abgrenzung in Form eines Miteinanders anbieten (nicht Schüler gegen Lehrer!); die sich bildenden Einstellungen, Vorstellungen, Standpunkte, Ziele, usw. der Schüler in Bezug auf denkbare Auswirkungen hinterfragen

Entwicklungsaufgabe:

Zu einer erfolgreichen Bewältigung können folgende konkrete Lernschritte des Schülers beitragen:

Pädagogische Ansätze:

1.5 Pädagogische Haltung

Entwicklung wird erschwert oder verhindert, wenn Lernende in ihrem Potenzial spürbar als begrenzt angesehen werden. Sie wird dort begünstigt und kann sich entfalten, wenn Lernende spüren, dass ihnen Lern- und Entwicklungsmöglichkeiten zugetraut werden. Was bei Schülern und einer Klassengemeinschaft an Entwicklung stattfindet, nimmt auch seinen Ursprung in einem Prozess, der im Inneren einer Lehrkraft beginnt (Graumann 1964).

Weniger als die äußeren Umstände nimmt die Einstellung der Lehrkraft, die zu diesen Bedingungen eingenommen wird, einen hohen Einfluss auf die Entwicklungsprozesse von Schülern. Die innere Haltung der Lehrkraft hat einen richtungsweisenden und dynamisierenden Einfluss auf alle Lernprozesse. Sie aktiviert bestimmtes Verhalten von Schülern und beeinflusst wiederum maßgeblich, wie die Lehrkraft auf das Verhalten reagieren wird. Die Einstellung der Lehrkraft prägt das Klassenklima.

Die unterstützende Lehrerhaltung öffnet und gestaltet einen sozialen Raum, der Schülern eine Möglichkeit für positive soziale Entwicklungsprozesse bietet.

Dagegen besteht die Gefahr, dass sich bei einer negativ kritischen Lehrerhaltung ein destruktives Klassenklima entwickelt. Dies kann ebenso eine Haltung bewirken, die Störungen nur löschen will, Verhalten nur sanktioniert oder Spannungen in Klassen einfach nur ausblenden will.

Nach meinen Erfahrungen ist zur Gewinnung eines tieferen Verständnisses der emotional-sozialen Entwicklung das Prinzip der Polarität sehr hilfreich. C. G. Jung (1975) hat auf der Grundlage dieses Prinzips beschrieben, dass menschliche Entwicklung nur als eine Bewegung (ein Prozess) zwischen gegensätzlichen Polen verstehbar wird.

Ein gesunder Entwicklungsprozess verläuft nicht statisch. Er verläuft dynamisch zwischen den eigenen gegensätzlichen Empfindungen, Gedanken, Gefühlen und Verhaltensweisen und denen der anderen Personen. Für einen gesunden Entwicklungsprozess ist es notwendig, auch die inneren und zwischenmenschlichen Spannungen wahrzunehmen und zu lernen, mit ihnen verantwortungsbewusst umzugehen.

Erst wenn unangenehme Emotionen akzeptiert werden, kann gelernt werden, mit ihnen hilfreich umzugehen. Dadurch werden Angst, Trauer und Ärger weniger belastend und bedrohlich und können bewusst gesteuert werden.

Es ist bei der Arbeit mit Schülern mit Verhaltensauffälligkeiten stets eine neue Herausforderung, die unangenehmen Gefühle von Schülern zunächst anzunehmen und ihnen dann zu vermitteln, wie sie verantwortungsvoll und zielführend mit ihnen umgehen können. Dies geschieht insbesondere zunächst durch das eigene Vorbildverhalten!

Professioneller Umgang mit auffälligen Schülern blendet die äußeren Konflikte nicht aus, sondern sucht und nutzt die Chancen, die jeder Konflikt enthält. Dafür müssen zunächst die konfliktbehafteten Seiten wahr- und ernstgenommen werden. Das folgende Fallbeispiel zeigt die Trennung der unangenehmen Emotion des Schülers von seiner Verhaltensweise. Jener wird mit einer offenen und annehmenden Haltung begegnet, ohne diese zu tolerieren.

Marco (3. Klasse), der in einer instabilen Familiensituation lebt, zeigt sich im Unterricht stark gereizt. Bereits mehrfach raunzte er Mitschüler an, z. B. „Guck nicht so!" oder „Sei still!". Plötzlich schlägt er die Hände auf den Tisch und brüllt in Richtung Sascha: „Glotz nicht!" Die Lehrkraft geht zu Marco (ruhiger Stimmtonus): „Marco, ich weiß, dass es dir heute nicht gut geht. Ich kann deinen Ärger verstehen und glaube zu wissen, woher er rührt. Deine Mitschüler sind dafür aber nicht verantwortlich. Bitte überlege jetzt also, wie du mit deinem Ärger hilfreich umgehst. Diesen Umgang akzeptiere ich nicht!"

Konflikte in der Klasse oder mit Eltern zielführend und ohne persönliche Kränkungen zu bearbeiten, ist eine zentrale Kompetenz der Lehrkraft (Kap. 2.3 und 4.1).

Schüler zeigen durch ihr Verhalten stets ihre inneren Polaritäten (introvertiert/extrovertiert, unsicher/sicher, impulsiv/bedacht, usw.). Die annehmende Lehrerhaltung eröffnet die Chance, dass die Dynamik dieser Gegensätze für einen Prozess zu mehr Gemeinschaft in der Klasse genutzt wird.

Im Mathematikunterricht fegt Jennifer ihr Heft vom Tisch. Sie brüllt: „Ich kann das nicht!" Sie weint. Einige Mitschüler ignorieren das Verhalten, andere grinsen oder blicken genervt zur Lehrkraft. Lehrkraft (am Ende der Stunde zur Klasse): „Jennifer war heute verzweifelt wegen der Mathematikaufgaben. Sie fühlt sich bei den Aufgaben noch unsicher. Ich denke, dass jeder von euch auch schon mal wegen etwas verzweifelt war. Vielleicht hat jemand, der sich bei den Aufgaben schon sicher fühlt, sie gut kann, eine Idee für Jennifer?" Can: „Ich kann ihr bei den Aufgaben helfen." Lehrkraft: „Das ist ein klasse Angebot!"

Es müssen im Unterricht nicht permanent Konflikte thematisiert werden. Vielmehr haben bereits die Resonanzen einer annehmenden Lehrerhaltung einen beruhigenden, klärenden und vereinenden Einfluss!

Praxis

Mit Resonanzen sind die Gefühlsschwingungen gemeint, die aus der inneren Lehrerhaltung entspringen.

Schüler nehmen diese Resonanzen wahr und reagieren darauf. Insbesondere Schüler mit Verhaltensauffälligkeiten sind auf unterstützende Resonanzen angewiesen, um in Reaktion darauf etwas tun und verändern zu können. Oft haben diese Schüler ein feines Gespür dafür, wie Lehrkräfte sie wahrnehmen, mit ihnen sprechen, ihnen zuhören, auf sie reagieren und ob das Interesse einer Lehrkraft echt ist.

Es ist ein Mythos unter Lehrkräften, ein Schüler wolle lediglich „Aufmerksamkeit" erhalten und „lieber negative als gar keine". Zum einen wird die Qualität der Pädagogik nicht grundsätzlich durch „Aufmerksamkeit" erhöht, zum anderen ist die zentrale Perspektive eine andere. Die Frage ist vielmehr folgende: Was empfangen die Schüler täglich von einer Lehrkraft?

Schülern mit Verhaltensauffälligkeiten helfen u. a. besonders Resonanzen, die folgende Botschaften enthalten:

- Unabhängig davon, wie du dich verhältst: Du bist okay.
- Es ist deine Verantwortung, zu lernen, und ich sehe, was du probierst und kannst.
- Dir passieren Fehler genauso wie mir und anderen.
- Ich kritisiere dich, weil ich an deine Potenziale glaube.
- Was du möchtest, ist okay, es passt aber momentan nicht.
- Ich toleriere dein Verhalten nicht, und ich verstehe, wie du dich fühlst und was du damit erreichen wolltest.
- Dein Ärger ist okay und auch verständlich, und du musst lernen, mit allen Gefühlen verantwortungsvoll umzugehen.

Diese Schüler benötigen Resonanzen aus stabilisierenden Botschaften wie

- „Bei allen Schwierigkeiten, die du in der Schule hast, und aller Kritik von uns: Wir unterstützen dich. Wir glauben daran, dass es bald besser werden wird!" oder
- „Du kannst hier Schüler sein und es passiert nichts anderes als das, was wir dir ankündigen."

Diese Resonanzen schaffen bei ihnen einen Boden der emotionalen Sicherheit und ermöglichen so konstruktive Prozesse der Veränderung.

Fazit

Nie ist die Lehrer-Schüler-Interaktion ausschließlich ein wechselseitiger Prozess über Inhalte, sondern sie enthält stets Beziehungsbotschaften (Watzlawick et al. 1969). Der Austausch dieser Botschaften geschieht über Resonanzen, die stark beeinflusst werden durch die Haltung der Lehrkraft.

Die pädagogische Haltung entspringt einem ethisch und moralisch liebevollen Denken und Fühlen und erfordert dessen Integration in den beruflichen Auftrag.

Lehrkräfte mit einer destruktiven Einstellung gegenüber Schülern sind pädagogisch unwirksam und oft sogar schädlich. Deshalb erfordert die professionelle Beziehungsgestaltung die Erarbeitung und beständige Reflexion einer entwicklungsgerichteten Lehrerhaltung.

Wie beeinflusst Sie das Prinzip der Polarität?

1. Setzen Sie bitte pro Gegensatzpaar zwei Markierungen. Aufgabe 1 bezieht sich auf die Veränderungen in Ihrer Lebensgeschichte, Aufgabe 2 auf die kontextbezogenen Unterschiede in Ihrem Erleben und Verhalten.
2. Welche lebensgeschichtlichen (Aufgabe 1) und bereichsbezogenen Faktoren (Aufgabe 2) begründen die Abstände/die Unterschiede zwischen Ihren Markierungen?

Polaritäten zwischen dem Lebensalter von 7 Jahren (z. B. Kreuz) und der Gegenwart (z. B. Strich)

extrovertiert	introvertiert
kraftvoll	kraftlos
müde	wach
impulsiv	bedacht
unsicher	sicher
unruhig	ruhig
irrational	rational

Polaritäten zwischen beruflicher Rolle (z. B. Kreuz) und privater Rolle (z. B. Strich)

extrovertiert	introvertiert
kraftvoll	kraftlos
müde	wach
impulsiv	bedacht
unsicher	sicher
unruhig	ruhig
irrational	rational

Beispiel

ruhig ——|——————×—— unruhig

1.6 Pädagogische Beziehung

Die Fähigkeit, die pädagogische Beziehung zielführend gestalten zu können, steht im Zentrum der Lehrerprofessionalität. Während die Eltern-Kind-Beziehung auch einen intuitiven und irrationalen Charakter hat, werden an die Beziehungskompetenzen von Lehrkräften andere und höhere Ansprüche gestellt (Juul/Jensen 2004).

Haltung

Die Lehrer-Schüler-Beziehung ist keine Fortentwicklung der Eltern-Kind-Beziehung, sondern sie besteht getrennt davon neben den familiären Beziehungsstrukturen. Die Lehrkraft ist nicht für das Leben eines Kindes oder Jugendlichen außerhalb der Schule zuständig. Deshalb teile ich die Auffassung von Giesecke (1997), die Lehrer-Schüler-Beziehung nicht als ganzheitlich und die Personen voll umfassend zu verstehen, sondern als etwas Begrenztes.

Im Gegensatz zu den frei wählbaren Beziehungen ist diese pädagogische Beziehung gekennzeichnet durch institutionelle Vorstrukturierungen und organisatorische Rahmenbedingungen. Sie steht generell im Spannungsfeld, den Zielvorgaben und individuellen Bedürfnissen von Kindern und Jugendlichen gerecht zu werden. Durch die zunehmend unterschiedlichen Leistungsniveaus der Schüler haben viele Lehrkräfte das Gefühl, nach und nach weniger Zeit zu haben, um auf den einzelnen Schüler eingehen zu können. Durch die stärkere Heterogenität der Klassen entstehen verstärkt Spannungen im Unterricht. All diese Spannungen haben Konflikte zur Folge! Mit diesen strukturbedingten Konflikten zielführend umzugehen, gehört zu den Herausforderungen im Lehrerberuf und hat erste Priorität.

Mit dem Erziehungsauftrag der Schule verbindet sich die Verantwortung, die vorhergehende Erziehung im Elternhaus auftragsbezogen zu erweitern. Dies geschieht durch eine bewusst machende, annehmende, stärkende, korrigierende, zeitlich begrenzte Begleitung und Unterstützung von Schülern.

Damit grenzt sich der Auftrag zur Schulerziehung von der psychotherapeutischen Arbeit mit Kindern und Jugendlichen ab. Während es in der Therapie um Heilung geht, geht es dort um Lernen. Soziale Lernprozesse erfolgen auf Basis einer schulthematischen Auseinandersetzung mit Schülern.

Praxis

Wenn sich Lehrkräfte und Schüler aufeinander beziehen, so ist dies in der Sprache der Transaktionsanalyse eine Folge sich wechselseitig beeinflussender Reaktionen (Transaktionen). Die Praxis der Beziehung ist also eine fortlaufende Interaktionskette, die je nach Form und Inhalt bestimmte Auswirkung auf das Denken und Fühlen der Beteiligten hat.

Der erste Schritt für eine erfolgreiche Unterstützung von Schülern ist das Wahr- und Ernstnehmen der aktuellen Transaktionen. Daran schließt sich an, die Interaktionen möglichst präzise auf den schulischen Rahmen zu beziehen. Kernelement professioneller Beziehungsgestaltung ist also die zielführende Form des Interaktionsverhaltens der Lehrkraft. Mit den folgenden Fragen lässt sich das eigene Interaktionsverhalten für den Unterricht reflektieren:

- Wie drückt sich meine Haltung aus? Was kommt bei den Schülern wohl an? Was ist daran hilfreich, was nicht?
- Wie vermittle ich Schülern die Inhalte? Was ist an meiner Anregung von Sachinhalten hilfreich, was nicht?
- Wie korrigiere ich das Schülerverhalten? Was ist daran hilfreich, was nicht? Was kann ich verbessern?
- Wie wertschätze ich Schüler? Wie lobe ich sie? Was ist daran hilfreich, was nicht? Was kann ich verbessern?

Die professionelle Beziehungsgestaltung im pädagogischen Umgang mit Schülern mit Verhaltensauffälligkeiten wird als die Fähigkeit verstanden, die Lehrer-Schüler-Beziehung über die Mittel der Erziehung zielführend zu gestalten. Diese werden in den einzelnen Kapiteln des Buches als die positiven Seiten der Haltung, Sachlichkeit, Fürsorge und Konfrontation beschrieben.

Fazit

An die pädagogische Beziehung mit Schülern mit Verhaltensauffälligkeiten knüpfen sich hohe Ansprüche.

Wenig hilfreich erscheinen mir Erziehungsbemühungen, die das Lehrer-Schüler-Beziehungsverhältnis in Richtung „Partnerschaft", „Gleichberechtigung" oder „Gerechtigkeit" verschieben wollen. Gerade Schüler, die in ihrer persönlichen Biografie bereits ein hohes Maß an Unsicherheiten erfahren mussten und daher ein berechtigtes Bedürfnis nach Klarheit und Führung durch die Erwachsenen haben, benötigen Lehrkräfte, die ihre professionelle Verantwortlichkeit vollständig übernehmen.

Pädagogische Beziehung

Bitte betrachten Sie das Modell. Stimmt Ihre Auffassung mit den Modellinhalten überein? Wo grenzt sie sich von diesen eventuell ab?

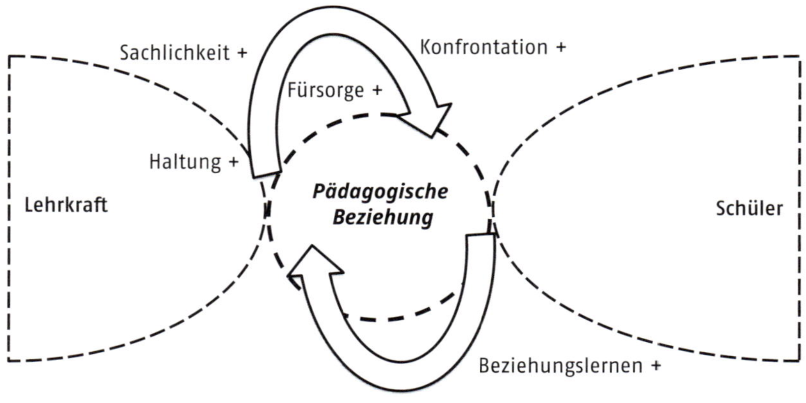

1.7 Pädagogik bei Schülern mit Verhaltensauffälligkeiten

Die erfolgreiche Unterstützung von Schülern mit Verhaltensauffälligkeiten setzt einen pädagogisch-verantwortungsvollen Blick auf diese Aufgabe voraus.

Haltung

Seit Ende der 1960er Jahre nahmen die Tendenzen zu, dass Schulen bei den Versuchen, schwieriges Schülerverhalten zu bewältigen, nach Lösungen suchten, die außerhalb von Pädagogik und Erziehung liegen. Diese Tendenz hat dazu geführt, dass mittlerweile psychologische Theorien, Begriffe und Interventionen bei den Versuchen des Verstehens und der Lösung von Verhaltensauffälligkeiten in der Schule einen großen und dominanten Raum einnehmen.

Mit der psychologisierten Betrachtung von Erziehung ist einhergegangen, dass schulische Lern- und Verhaltensauffälligkeiten zusätzlich medizinisiert und pathologisiert werden. Ein Indiz dafür ist die inflationäre Verwendung von psychiatrischen Diagnosen der „Legasthenie", „Dyskalkulie", „Aufmerksamkeitsdefizit-Hyperaktivitätsstörung/AD(H)S, „Asperger-Syndrom" und „Autismus" in den Schulgesprächen.

Willmann (2012) beschreibt lesenswert diesen Prozess der Entpädagogisierung und fordert eine „Professionalisierung der Sonderpädagogik".

Willmann, M. (2012): De-Psychologisierung und Professionalisierung der Sonderpädagogik. Kritik und Perspektive einer Pädagogik für „schwierige" Kinder. Ernst Reinhardt, München/Basel

Nach meiner Einschätzung wäre dafür ein notwendiger erster Schritt die Abkehr von der Defizitperspektive in der Lehre der Heil- und Sonderpädagogik und der Aufbau einer professionell-pädagogischen Haltung des Mitgefühls und der Annahme der Schwächen dieser Kinder und Jugendlichen. Dies ist die Grundlage für die hilfreiche Vermittlung von inklusiven Einstellungen und Prozessen.

„Verhaltensauffälligkeit ist ein deskriptiver Begriff, der zur kriterienbezogenen Unterscheidung von Gruppen verwendet wird (verhaltensunauffällig vs. -auffällig: Zugehörigkeit zu einer Gruppe mit bestimmter Verhaltensauffälligkeit)" (Arnold 2004, 24).

Deskription erfordert, auffällige Verhaltensweisen nicht zu bewerten, sondern differenziert in Verhaltensbegriffen zu beschreiben. Das Maß der Verhaltensauffälligkeiten bemisst sich zum einen nach ihren Auswirkungen auf die Lernprozesse im Klassenunterricht, zum anderen in Relation zu den Entwicklungsaufgaben der jeweiligen Alterspanne. Pädagogisch sinnvoll kann die Unterscheidung der Schüler einer Klasse in verhaltensunauffällig vs. auffällig sein, sobald Entwicklung als ein Prozess verstanden wird, der sich zwischen den Polen „Noch-nicht-Können" in Richtung des „Könnens" über Beziehungsprozesse weiterentwickeln kann.

Schüler mit Verhaltensauffälligkeiten sind besonders intensiv und konstant mit belastenden Gefühlen und Gedanken konfrontiert. Dennoch begrenzt sich ihr Lernprozess in der Schule darauf, die unangenehmen inneren Zustände mit zielführenden Handlungen zu verbinden, d.h. Verantwortung zu übernehmen, statt den Unterricht zu stören oder die Interessen und Bedürfnisse der Mitschüler gänzlich unberücksichtigt zu lassen. Die zunehmende erfolgreiche Bewältigung der äußeren Schulsituationen kann wiederum in stabilisierender und stärkender Weise auf das innere Erleben zurückwirken.

Unter der Leitidee der Inklusion kann es nicht mehr Priorität haben, Störungen psychologisch oder medizinisch zu diagnostizieren. Zuordnungen sind nur dann hilfreich, wenn sich daraus unterstützende pädagogische Maßnahmen ableiten lassen, die dann zuverlässig umgesetzt werden.

Dafür kann eine professionelle Sonderpädagogik der Erziehungshilfe ihre spezifische Perspektive auf Erziehungs- und Bildungsprozesse unter erschwerten Bedingungen und Erfahrungen einbringen (Willmann 2012).

Praxis

> „Die pädagogische Diagnostik orientiert sich an erzieherischen Situationen und Aufgabenstellungen. Sie dient vor allem der Planung, Durchführung und der Kontrolle von Erziehungs- und Bildungsprozessen. Ihre Hauptmethode ist die Beobachtung. In der Schule stehen meistens Lernsituationen und Lernergebnisse im Vordergrund" (Horňáková/Ondracek 2007, 27).

Die pädagogische Betrachtung von Verhaltensauffälligkeiten beginnt mit einer konkreten Beschreibung, bei der folgende Fragen zielführend sind:

1. Wann, wo und wie treten die Auffälligkeiten auf?
2. Wann und wo treten die Auffälligkeiten nicht auf?

Zur professionell-pädagogischen Lehrerkompetenz gehört, die aufgetretenen Verhaltensauffälligkeiten auch immer in Bezug auf die eigenen Kontextstrukturen zu reflektieren:

1. Werden bestimmte Verhaltensauffälligkeiten durch vorhandene Rahmenstrukturen eventuell gefördert?
2. Werden bestimmte Verhaltensauffälligkeiten durch die Interaktionsstrukturen eventuell unterstützt?

Bestandteil dieser Reflexion sind die Fragen nach den bisherigen Lösungsversuchen und daran anschließend die Suche nach neuen, veränderten oder ergänzenden Maßnahmen. Einbezogen werden sollten die Herausforderungen und Schwierigkeiten, die sich durch das Schülerverhalten für die Lehrkraft und den Lernprozess in der Klasse ergeben. Pädagogische Maßnahmen konzentrieren sich zuvorderst auf die Schule und lassen sich wie folgt zusammenfassen:

- Gespräche mit dem Schüler, mit Kollegen, ggf. der Einbezug von Mitschülern z. B. als Lernhelfer,
- schülerbezogene Veränderung des Rahmens (Kap. 2) und
- schülerbezogene Veränderung der Interaktion (Kap. 3).

Angemessenes Verhalten der Schüler erfordert ein Lob der Lehrkraft, nicht angemessenes Verhalten das Angebot zu Handlungsalternativen und bei der Beibehaltung des Verhaltens dann Konsequenzen.

„Erziehungs- und Ordnungsmaßnahmenkonferenzen" als Reaktion auf Verhaltensauffälligkeiten gehören nicht zu den pädagogischen Maßnahmen, können jedoch „pädagogisch" hilfreich werden, wenn eine Konferenz unterstützende Maßnahmen zur Entwicklung des Schülers vorschlägt, die verlässlich umgesetzt werden, z. B. über einen Förderplan.

Neben dem Baustein der Interventionen besteht im Umgang mit Verhaltensauffälligkeiten von Schülern die professionelle Verantwortlichkeit zur Prävention. Da Verhaltensauffälligkeiten wiederkehrende Phänomene sind, sollte die Unterrichtsgestaltung vorausplanend auf sie eingestellt werden. Ebenso lässt sich das Interaktionsverhalten von Lehrkräften vorausplanend auf die wiederkehrenden Reaktionsmuster einstellen (Kap. 3). Diese werden zu einer Lernmöglichkeit für Lehrkräfte! Es sind pädagogische Aufgabenstellungen, die professionell bearbeitet werden können (Übung am Ende von Kap. 1.7).

Fazit

Die Arbeit mit Schülern mit Verhaltensauffälligkeiten erfordert verstärkt die Kooperationen der Lehrkraft mit Mitarbeitern schulferner Gebiete. Eine Kooperation kann z. B. eine Beratung durch das Jugendamt bei der Kindeswohlsorge (§ 8a), ein Runder Tisch mit Eltern und Jugendamt bzgl. Fragen zur Schulbegleitung (Hilfegewährung nach § 35a SGB VIII) oder ein Austausch mit sozialen Einrichtungen, Psychotherapeuten und Fachärzten betreffen.

Da die Teilnehmer solch einer Kooperation unterschiedliche Aufträge und Perspektiven zur Entwicklung des Schülers und Zielsetzung des Gesprächs haben, steht dies in einem strukturellen Spannungsfeld. Eine konstruktive Gesprächsatmosphäre kann sich dennoch bei einer „Kooperation unter Wahrung und Nutzung der Differenz" entwickeln (Bolay 2011, 417). Durch die professionelle und selbstbewusste Vertretung der pädagogischen Position leistet die Lehrkraft dafür ihren zielführenden Beitrag. Dies erfordert eine konkrete Beschreibung der Schwierigkeiten des Schülers. Ebenso können die möglichen Auswirkungen hinsichtlich der Entwicklungsaufgaben des Schülers eingeordnet werden. Weiterhin können die von den Teilnehmern angedachten Lösungsversuche in Bezug zu den vorhandenen schulischen Bedingungen wie auch zum schulischen Erziehungsauftrag gebracht werden. Dieser Beitrag der Lehrkraft im Kooperationsgespräch ermöglicht einen hilfreichen Zugang zu den Lern- und Verhaltensproblemen des Schülers. Die Lehrkraft als Pädagoge muss sich in dem Gespräch also nicht über abstrakte Begriffe, hochtrabende Theorie oder Kritik an der Erziehung der Eltern profilieren. Vielmehr macht sie durch ihren Beitrag ihren Lehrauftrag deutlich, auf Schüler handlungsorientiert erzieherisch einzuwirken.

Verhaltensauffälligkeiten als wiederkehrende Phänomene in der Schule

1. Bitte betrachten Sie die wiederkehrenden Schwierigkeiten von Schülern mit Verhaltensauffälligkeiten. Welche pädagogischen Aufgabenstellungen könnten sich daraus für die Bereiche Prävention und Intervention ergeben?
2. Sie können pro Block eine bestimmte Schwierigkeit auswählen und für diese eine pädagogische Aufgabenstellung entwickeln. Diese sollte so konkret ausfallen, dass sie in eine Fördermaßnahme überführt werden kann.

- Anmerkung zur Übung: Die aufgeführten Schwierigkeiten von Schülern sind in Anlehnung an Green (2012) formuliert.

Schüler haben Schwierigkeiten, z. B. ...
... ein Gespräch anzufangen, Einzel- oder Gruppenkontakte herzustellen und aufrechtzuhalten.
... auf zwischenmenschliche Signale angemessen zu reagieren und/oder sie richtig zu deuten.
... in angemessener Form auf sich aufmerksam zu machen, bzw. sich den anderen mitzuteilen.
... einzuschätzen, wie man selbst bei anderen Menschen ankommt oder von ihnen wahrgenommen wird.
Pädagogische Aufgabenstellungen → konkrete Unterstützung:

Schüler haben Schwierigkeiten, z. B. ...
... genug Energie aufzubringen, um anspruchsvolle und anstrengende Aufgaben zu bearbeiten/dran zu bleiben.
... die Konzentration auf die zielgerichtete Lösung eines Problems aufrechtzuerhalten.
... die Resultate oder Konsequenzen abzuschätzen, die das eigene Handeln wahrscheinlich nach sich ziehen.
... mehrere Lösungen für ein Problem in Betracht zu ziehen/von der erstgefundenen Lösung wieder abzulassen.
Pädagogische Aufgabenstellungen → konkrete Unterstützung: ______________________________ ______________________________

Schüler haben Schwierigkeiten, z. B. ...
... unflexible, fehlerhafte Interpretationen der äußeren Realität, selbstabwertende Gedanken (z. B. „Alle wollen mir nur Böses.“, „Keiner mag mich.“, „Ich bin immer schuld.“, „Das ist unfair.“, „Ich bin dumm.“, „Bei mir klappt nie was.“)
... einzuschätzen, wie sich das eigene Verhalten auf andere Personen auswirkt (Verwunderung über die Reaktionen der anderen auf das eigene Verhalten).
... unangenehme Emotionen bei Frustrationen so zu steuern, dass rationales Denken möglich wird.
... eigene Bedürfnisse oder Wünsche, Gefühle und Gedanken mit Worten (differenziert) auszudrücken.
Pädagogische Aufgabenstellungen → konkrete Unterstützung: ______________________________ ______________________________

2 | Professionelle Rahmengestaltung

Sozialisierung ist laut Child (1954) ein Prozess, durch den ein Individuum, dessen Verhaltensmöglichkeiten bei Geburt einen sehr weiten Radius haben, zu der Entwicklung eines Verhaltens geführt wird, das auf einen engeren Radius beschränkt wird.

Die Erziehungsverantwortung der Schule liegt darin, einen Entwicklungsraum zu gestalten, der erfolgreiche Sozialisations- und Entwicklungsprozesse anregt. Das Fundament dieser Prozesse bilden die Schulstrukturen, die einen ausrichtenden Einfluss auf die Beziehungsprozesse zwischen Lehrkräften und Schülern nehmen. Der äußere Rahmen kann je nach Gestaltung produktive Lernprozesse bei Schülern anregen und verstärken oder sie erschweren.

2.1 Werte

Je mehr die Beziehungen in der Schule auf sozialen Werten basieren und sich die Lehrpersonen auf Grundlage deren Normen engagieren, desto mehr wird das Klima einer Schule als Beziehungsqualität wahrgenommen.

Haltung

Soziales Lernen entwickelt sich nicht aus sich selbst heraus, sondern es muss vermittelt werden (Speck 1997). Sollen sich bei Schülern Optimismus, Vertrauen und Mitgefühl weiter ausbilden und sollen sie gemeinschaftlich und friedfertig miteinander umgehen, so müssen sie diese Haltungen und das damit einhergehende Verhalten zunächst erst einmal in der Schule erfahren.

Dafür müssen nach Fellsches (2009) die Wertbegriffe in den Schulen zu lebendigen Elementen von Beziehungen werden. Repräsentieren Lehrkräfte die Werte im Alltag des Beziehungsgefüges der Schule, dann wirkt sich dies spürbar und sichtbar auf die ganze Schulgemeinschaft aus.

Reiser (2006) beschreibt die pädagogische Position als Stellvertretung von Werten. Lehrkräfte sind als Modell und Vermittler von Werten gefordert. Sie müssen sich selbst an ihnen messen lassen. Schüler erfahren die Priorität und Resonanzen der Werte durch Lehrkräfte, die Normen vorleben, sie hervorheben und auf ihnen bestehen.

Werte sind Grundhaltungen („Das ist uns wichtig!"), die ein erstrebenswertes Ziel charakterisieren. Normen sind die Konkretisierungen der eher abstrakten Ziele, die aus den Werten abgeleitet werden („So wollen wir das tun!"). Diese Verhaltenserwartungen gelten gleichermaßen für Lehrpersonen und Schüler.

Praxis

Werte sollten stets aus dem gegenwärtigen Schulgeschehen heraus entwickelt werden. Sie sind Bestandteil einer positiven Lehrersprache. Indem hierbei – differenzierter als beim allgemeinen Lob – positives Verhalten mit einem Wert verbunden wird, werden Lehrerfeedbacks werthaltiger.

Hassan ist wütend auf einen Mitschüler, geht aber weg. Allgemeines Lob der Lehrkraft: „Gut, dass du weggegangen bist!" Lob mit Wert der Lehrkraft: „Du bist weggegangen und so friedfertig geblieben!"

Sabine hält, nach längerem Zögern, vor der Klasse ein Referat. Lob mit Wert der Lehrkraft: „Mutig, dass du dich vor die Klasse gestellt hast."

Nachdem sich Sascha in der Pause noch mit Sven geprügelt hat, hilft er ihm nun im Unterricht bei den Matheaufgaben. Lob mit Wert der Lehrkraft: „Danke, dass du Sven die 7er-Reihe abgefragt hast. Das war hilfsbereit von dir. So konnte er die Reihe üben und festigen!"

Die wertorientierte Lehrersprache kann eine prägende Funktion haben. Sie kann z. B. bei Schülern mit einem negativ geprägten Selbstbild („Ich bin aggressiv.", „Ich bin dumm." oder „Ich mache eh immer alles falsch.") neue „Gedächtnisspuren“ anregen. Dies beschreibt Spitzer (2010) im Zusammenhang mit seiner Metapher des „Trampelpfades“. Nach Spitzer werden einmal angelegte Spuren im Gehirn weiter benutzt,

> „[...] selbst dann, wenn sie nicht mehr optimal zum Erlebnis passen. Sie sind bereits da, und die Impulse treten sich [wie die Menschen] nicht so schnell einen ganz neuen Pfad" (Spitzer 2010, 56).

Deshalb müsse nach Spitzer die Schule einen ritualisierten Input von Einstellungen, Werten und Verhaltensmöglichkeiten anbieten und so Schritt für Schritt bei Lernenden einen hilfreichen Pfad anlegen. Da das Gedächtnis nichts anderes ist als die Summe der Spuren vergangener Erfahrungen, durch die Synapsen im Gehirn in ihrer Stärke verändert werden, kann sich nach Spitzer bei Lernenden durch neue, wiederholte Erfahrungen ebenfalls neues Denken und Verhalten bilden und festigen.

> Sascha wartet ein paar Tage später vor dem Klassenraum auf die Lehrkraft und sagt: „Gestern habe ich Sven noch den Schulranzen die Treppe runter getragen. Und meiner Mutter habe ich bei der Spülmaschine geholfen." Lehrkraft: „Gut, Sascha! Du warst hier wieder hilfsbereit und auch zuhause hilfst du."

Abbildung 3 zur direkten Werteerziehung zeigt, wie ein Wert die Beziehungen auf Schul- und Klassenebene beeinflussen kann. Diese Form einer direkten Werteerziehung praktizieren Schulen z. B. über ein Schulmotto, das für einen festgelegten Zeitraum im Eingangsbereich der Schule aushängt. Dadurch rückt ein Wert verstärkt in den Blick von Lehrkräften und Schülern.

> In den Eingangsstufen werden die Normen der Klasse von der Lehrkraft vorgegeben, ab dem dritten Jahrgang in Klassengesprächen entwickelt.

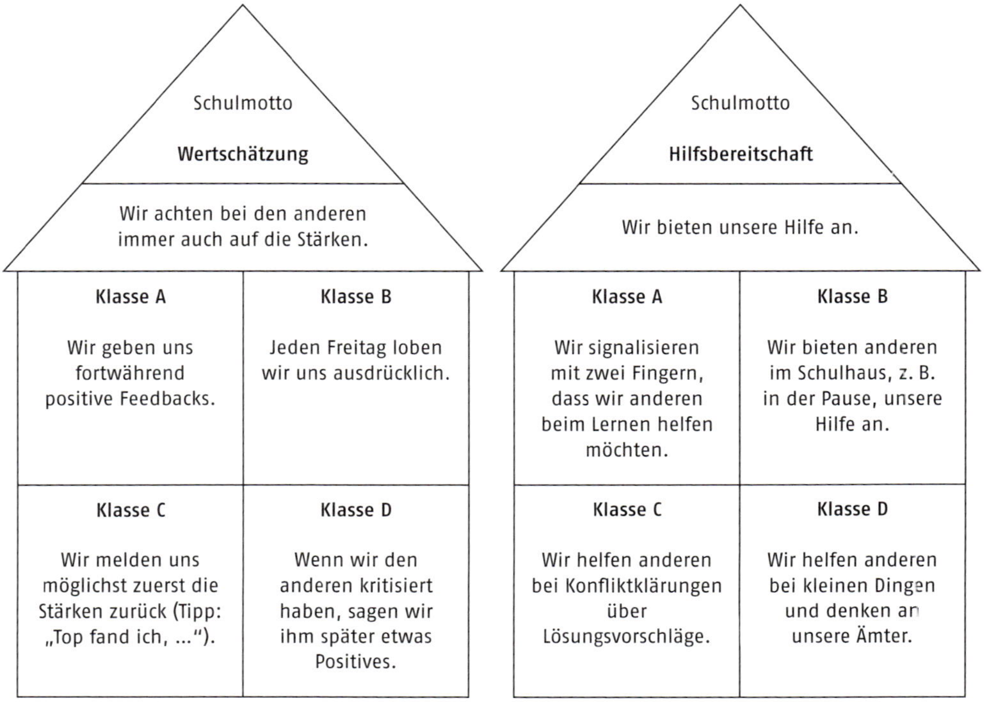

Abb. 3: Direkte Werteerziehung im Schulhaus und Unterricht

Schulprinzipien bieten einen wertorientierten und die Schulgemeinschaft verbindenden Beziehungsrahmen an. Sie enthalten Leitsätze, die einen verantwortungsbewussten Umgang definieren. Die öffentlichen Prinzipien weisen die Richtung für eine Gestaltung der schulischen Beziehungen.

Damit Schulprinzipien lebendig werden und auch bleiben, müssen sie anlassbezogen ständig neu aufgegriffen werden. Dies kann im Klassenverbund über Fragen geschehen, z. B.:

- Wofür sind Schüler verantwortlich, wofür Lehrkräfte?
- Wie können wir uns rücksichtsvoll verhalten?
- Was sind eure Erfahrungen mit Lob, was bewirkt es?
- Was sind eure Erfahrungen mit Streit und Versöhnung?
- Wieso sollte man das tun, was man sich selbst wünscht?
- Was passiert, wenn wir auf die Schulprinzipien/die Werte achten, was, wenn wir sie missachten?

Denkbare hilfreiche Schulprinzipien können z. B. sein:

- Wir übernehmen die Verantwortung für unsere Aufgaben.
- Was wir begonnen haben, beenden wir zuerst.
- Was wir benutzt haben, räumen wir wieder weg.
- Wir gehen sorgsam mit Sachen und dem Gebäude um.
- Wir sind rücksichtsvoll beim Lernen und Spielen.
- Wir loben, wenn der andere etwas geschafft hat.
- Wir reden offen miteinander, nicht übereinander.
- Wir streiten uns und wir versöhnen uns wieder.
- Wir achten aufeinander und helfen uns gegenseitig.
- Wir reden offen über Fehler, verschweigen sie nicht.
- Was ich vom anderen erwarte, das tue ich auch selbst.

Indem die aktuellen Themen, Erlebnisse und Erfahrungen innerhalb der Klasse auf die Leitsätze der Schulprinzipien bezogen werden, bekommen die Wertbegriffe, wie z. B. Verantwortung, Rücksichtnahme, Hilfsbereitschaft, mehr Gehalt und erhalten so Schritt für Schritt auf emotionaler Ebene eine Bedeutung für Schüler.

Fazit

Es ist ein weit verbreitetes Problem der Schulerziehung, dass Schüler häufiger erfahren, was Lehrkräfte nicht wollen, und seltener, was sie wollen und wofür sie einstehen. Doch gerade Schüler aus einem sozial schwächeren Milieu brauchen für das Wachsen ihrer Persönlichkeit die Unterstützung für die Entwicklung eines konstruktiven Wertesystems. Dies hilft ihnen, ihre innere Struktur zu stabilisieren und ermöglicht Erfolge.

Nach meiner Einschätzung entsteht Schulfrust weniger aufgrund der „langweiligen“ Fachinhalte, sondern vielmehr dann, wenn sich Lehrkräfte nicht für die Beziehungsebene interessieren und engagieren. Ein pädagogisches Engagement für Werte könnte dies verändern.

Werteerziehung im Schulhaus und Unterricht

In Kapitel 1.1 haben Sie bereits sechs Werten eine hohe Priorität eingeräumt. Sie können nun zwei davon auswählen. Tragen Sie diese fiktiv als Schulmotto ein. Konkretisieren Sie diese für die Schul- und Klassenebene. Sie können sich dafür am Beispiel in der Übung orientieren. Sie können auch Werte als Schulmotto verwenden, die nicht im Referenzrahmen des ‚Index für Inklusion' aufgeführt werden, wie z. B. Verantwortung, Zuverlässigkeit, Selbstständigkeit oder Rücksichtnahme.

Schulmotto
Friedfertigkeit

Wir gehen in der Schule friedlich miteinander um.

Klasse A Wenn wir etwas nicht wollen, sagen wir „Stopp!". Der andere akzeptiert das Stopp!	**Klasse B** Wir klären einen Streit mit Worten und beachten unsere Gesprächsregeln.
Klasse C Wir sprechen Ärger an, z. B. „Es ärgert/stört mich, wenn ..." und teilen auch unsere Freude mit.	**Klasse D** Wir sagen es, wenn mit Mitschülern nicht gut umgegangen wird. Wir entschuldigen uns!

Schulmotto
Ehrlichkeit

Wir sind ehrlich zueinander.

Klasse A Wir sagen, wenn uns etwas beschäftigt, uns stört oder uns etwas besorgt.	**Klasse B** Wir teilen mit, wenn wir die Hausaufgaben vergessen haben oder etwas nicht verstehen.
Klasse C In einem Konfliktgespräch sagen wir auch, welchen Anteil wir dabei hatten und was wir noch verändern können.	**Klasse D** Wir geben uns ein ehrliches Feedback.

Schulmotto

Meine Klasse

____

____

____

Schulmotto

Meine Klasse

____

____

____

2.2 Ordnung

Die hilfreiche Ordnung fördert fachliches und soziales Lernen. Dagegen ergeben sich in Schulen Probleme, wenn Ordnungen nicht förderlich gesetzt und umgesetzt werden.

Haltung

„Durch Übersichtlichkeit werden Voraussetzungen geschaffen für die Ordnung der Gedanken in den Köpfen der Menschen, die dort täglich ein- und ausgehen, die dort lernen und unterrichten, die miteinander ordentlich umgehen wollen" (Reinbacher-Kaulen 2007, 21).

Die klare äußere Ordnung schafft für Schüler geistig mehr Raum und regt so Lernen an. Lehrkräfte und Schüler müssen dann weniger Energie dafür aufwenden, sich über die Prozesse immer wieder neu zu verständigen. Klarheit und Verlässlichkeit stärken bei Schülern mit Verhaltensauffälligkeiten die inneren Strukturen, da mit ihnen das innere Erleben von Sicherheit und Schutz einhergeht. Dies eröffnet für sie die Chance, Schritt für Schritt ihre Handlungsfähigkeit zu verbessern. Der äußere Rahmen sollte beinhalten

- verlässliche personelle Anordnungen (Beziehungskontinuität),
- Lehrkräfte als positives Modell sowie
- eine Eindeutigkeit in den Abläufen, Erwartungen und Konsequenzen („Wenn ..., dann ...").

Praxis

Die Schulordnung als Ausformulierung jenes Rahmens kann auf die emotional-soziale Entwicklung von Schülern einen ausrichtenden Einfluss nehmen. Förderliche Elemente sind:

- verständliche, altersgerechte, ansprechende Form,
- klare Handlungsanweisungen, positive Formulierungen,
- Werte, Normen, Regeln,

- Ansprechen der Verantwortung, Aufgaben, Pflichten,
- Lösungsmöglichkeiten für wiederkehrende Konflikte und
- Transparenz über mögliche Konsequenzen der Schule.

Diese Elemente unterstützen eine Schulordnung, die einen Orientierungs- und Beziehungsrahmen für Schüler und Lehrkräfte bietet.

Auszug aus der Schulordnung der Grundschule Schmedenstedt/Woltorf (Landkreis Peine) als Beispiel für die Berücksichtigung emotional-sozialer Entwicklungskriterien

§ 1 Ich gehe gewaltfrei und respektvoll mit Mitschülern um:

- Ich tue anderen weder körperlich noch mit Worten weh. Sollte es zu einem Streit kommen, dann sage ich dem anderen, womit er mir weh getan hat und was ich mir wünsche.
- Ich versuche, den anderen zu verstehen und respektiere seine Meinung und seine Wünsche.
- Ich bleibe ruhig und lasse mich nicht provozieren.
- In fremde Streitigkeiten mische ich mich nur ein, wenn ich einen Lösungsvorschlag habe.
- Ich versuche, Streitigkeiten allein zu lösen. Gelingt mir dies nicht, hole ich mir Hilfe bei einem Erwachsenen.

§ 2: Ich nutze meine Lernzeit und sorge dafür, dass andere das auch tun können:

- Ich halte mich an unsere Klassenordnung. Darin haben wir gemeinsam vereinbart,
- wie ich mich an einem Gespräch beteilige,
- wie ich allein, mit einem Partner oder in Gruppen arbeite,
- wie ich mit dem Arbeitsmaterial umgehe und
- wie ich in unserem Klassenraum Ordnung halte.

§ 3 Ich erledige meine schulischen Aufgaben gewissenhaft:

- Ich habe das nötige Arbeitsmaterial immer griffbereit.
- Ich führe gewissenhaft mein Hausaufgabenheft.
- Ich erledige regelmäßig meine Hausaufgaben.
- Wenn ich meine Hausaufgabe vergessen habe, sage ich Bescheid und hole sie schnellst möglich nach.
- Postmappe, Etui und Ranzen aufräumen gehören zu meinen täglichen Pflichten.

§ 7 Ich weiß, dass ich mit Konsequenzen rechnen muss, wenn ich gegen die Regeln verstoße:

1. Einfache Konsequenzen: Ermahnung, Hochstufen auf der Verhaltensampel, stummer Schatten, Entschuldigung, Wiedergutmachung, Streitschlichtung, Zusatzaufgaben aus dem „Bußgeldkatalog", zeitweise Wegnahme von Gegenständen, die den Unterricht stören, Nachholen schulhaft versäumter Arbeiten/Hausaufgaben, Rote Karte (z. B. für einen groben Regelverstoß mit Körperverletzung)

Ordnungslernen unterstützt den Erwerb von Kompetenzen, die allesamt Tugenden sind, z. B. Zuverlässigkeit, Gründlichkeit, Sorgfältigkeit, Selbsttätigkeit, Höflichkeit, Ehrlichkeit oder Geduld. Nach dem „Trampelpfad-Prinzip" (Kap. 2.1) werden diese kontinuierlich betont und dadurch schrittweise gefestigt.

Melyssa schreibt einen Text. Lehrkraft: „Du achtest sorgfältig auf die Linien und Wortabstände. So macht dein Text auf mich einen guten ersten Eindruck."

Leon erscheint zu einem vereinbarten Schulgespräch. Lehrkraft: „Leon, es freut mich, dass du zuverlässig und pünktlich kommst und wir sprechen können."

Damit in einer Klasse wirksam gelernt werden kann, muss eine Grundordnung vorhanden sein, z. B. müssen die Schüler an ihren Tischen sitzen, ihre

Arbeitsmaterialien bereitlegen, auf schulfremde Dinge (z.B. Spielzeug) verzichten können und sich auf den Unterricht einstellen.

In Klassen, die chaotisch und nicht konzentriert in die Unterrichtsstunde starten, hat sich ein strukturierter Einlass bewährt. Hierbei treten kleinere Gruppen nacheinander ein und müssen sich leise hinsetzen.

Ein sachgerechter Umgang mit Materialien ist im Unterricht einzufordern, z.B. gehört ein ordentlich geführter Schulranzen zu den Pflichten von Schülern.

Ein praktikables Instrument für das Einüben von Ordnungsaspekten ist das „Feld der Fähigkeiten“ (Abb. 4; Erklärung in der Übung am Ende von Kap. 2.2). Eine bestimmte Zielsetzung wird dann eine Zeitlang für die gesamte Klasse zu einem gemeinsamen Übungsschwerpunkt.

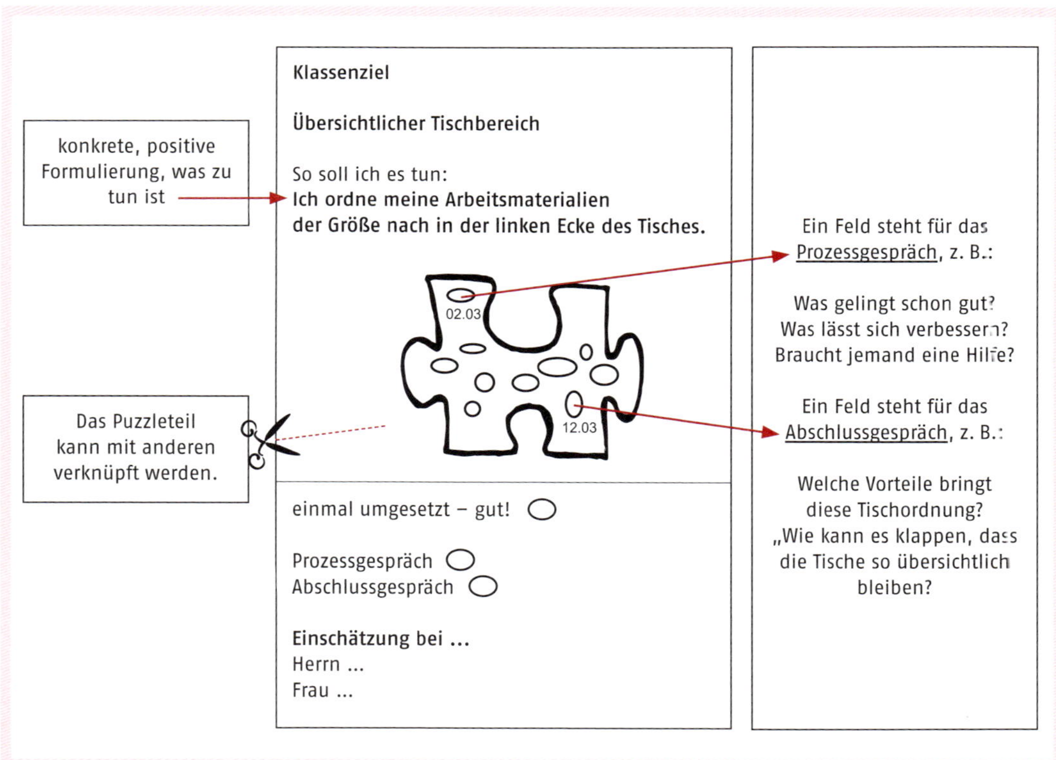

Abb. 4: Ordnungslernen mit dem „Feld der Fähigkeiten“

Bei diesem Instrument lassen sich einzelne „Puzzleteile“ zu einem großen gemeinsamen Feld zusammensetzen. Es kann entweder pro Schüler ausgegeben werden, dann bewahrt es jeder Schüler in seinem Schnellhefter auf. Schüler bringen ihre Erfolge ein und der Lernfortschritt wird sichtbar. Da sich nur der Schüler ein Feld ausmalen darf, der die Zielsetzung erfüllt hat, können Klassenziele in Individualziele übergehen. Oder das Puzzleteil wird einmalig groß kopiert als ein Feld für alle. Seine Anwendung eignet sich für ein gemeinsames Klassenmotto (z. B. Hilfsbereitschaft oder Friedfertigkeit), für die Klassenregeln (z. B. „sich leise Melden“ oder „In der Einzelarbeit lerne ich leise.“) oder für einzelne Übungsschwerpunkte (z. B.: Beim Stundenbeginn sitzen alle leise am Platz und schauen nach vorn.). Über eine Feedbackrunde, z. B. Daumenprobe (Kap. 2.5), darf nach einer vorher verabredeten Anzahl von Schülern, die das Ziel erreicht haben, ein Schüler ein Feld innerhalb des aktuellen Klassenpuzzles ausmalen.

Eine Anleitung und Kopiervorlagen zum Feld der Fähigkeiten finden sich im Online-Zusatzmaterial 1 zu diesem Buch.

Spezifische hilfreiche Unterstützungsmöglichkeiten zur Strukturierung der Lernumgebung für Schüler mit autistischen Verhaltensweisen finden sich bei Tuckermann et al. (2012). Die wesentlichen Aspekte ihres „TEACCH-Ansatzes“ sind räumliche Strukturierungen (z. B. Bilder, Beschriftungen, Raumteiler, Markierungen auf dem Boden), zeitliche Strukturierungen (z. B. Signale, Uhren, konkrete, visualisierte Zeitpläne, Anfangs- und Endroutine) und die Gestaltung des Arbeitsmaterials.

Tuckermann, A., Häußler, A., Lausmann, E. (2012): Herausforderung Regelschule: Unterstützungsmöglichkeiten für Schüler mit Autismus-Spektrum-Störung im lernzielgleichen Unterricht. Borgmann, Dortmund

Fazit

Eine gute äußere Ordnung ist notwendig, damit in einer Klasse Lernen wirksam stattfinden kann. Die Schulordnung kann eine positive soziale Entwicklung von Schülern ausrichten, wenn bereits von ihr die Impulse für einen gemeinschaftlichen positiven Beziehungsprozess ausgehen.

Ordnungslernen mit dem „Feld der Fähigkeiten"

Sie können eine mögliche Anwendung des Instrumentes durchspielen. Berücksichtigen Sie dann folgende Fragen: Was ist die Zielsetzung? Was sollen die Schüler für die Zielsetzung genau tun? Wie lange und wann/ bei wem gilt das Instrument? Wie viele Felder sind somit im Puzzleteil sinnvoll?

- Erklärung zum „Feld der Fähigkeiten": Das Instrument eignet sich im Bereich des Ordnungslernens für konkrete beobachtbare Ziele, z. B. für die Arbeitsordnung oder Melderegel. Dadurch, dass die Felderanzahl im Puzzle frei wählbar ist, lässt es sich flexibel anwenden. Es ist hilfreich, diese auf bestimmte Lehrkräfte, Unterrichtstunden oder Tage, usw. zu begrenzen und den Zeitpunkt der Reflexion festzulegen.

Klassenziel

___

So soll ich es tun:

___

___

einmal umgesetzt – gut! ◯

Prozessgespräch ◯
Abschlussgespräch ◯

Einschätzung bei ...

___

___

2.3 Regeln

Regeln sind Grenzen, die von der Lehrkraft gesetzt werden. Mit ihrer Hilfe werden Erwartungen an das Verhalten gestellt. Durch Regeln werden diese Erwartungen für Schüler transparent, begrenzen aber auch deren Handlungsräume, so dass das Lernen in der Schulgemeinschaft funktionieren kann. Die Begrenzungen unterstützen nach Allport (1970) die Bewältigung von Entwicklungsaufgaben. Denn für eine wirklich freie Selbstbestimmung müssen Grenzen in einer Situation wahrgenommen und dann berücksichtigt werden können.

Haltung

Da Regeln begrenzend darauf einwirken, sich frei, kreativ und spontan ausdrücken zu können, werden sie von Schülern und immer wieder auch von manchen Lehrkräften zunächst als störend empfunden. Es wird als anstrengend erlebt, Regeln zu berücksichtigen und diese möglichst stets zu beachten. Für Schüler mit Verhaltensauffälligkeiten haben Regeln aber eine unterstützende Funktion. Sie bieten Orientierung, Berechenbarkeit sowie Verlässlichkeit und unterstützen die Konzentration für die Unterrichtssituation. Ein Schüler, der sich leise meldet, hat sich ganz auf den Kontext Schule eingestellt und weiß, wie er sich jetzt rücksichtsvoll verhalten kann. Dadurch, dass Klassenregeln einen geordneten Unterrichtsablauf unterstützen, bewirken sie mehr innere Ruhe und Klarheit.

Für die emotional-soziale Entwicklung von Schülern macht es einen erheblichen Unterschied, ob im Unterricht klare Strukturen für Ruhe sorgen oder ob die Strukturen unklar sind (z. B. Schüler rufen Antworten laut in die Klasse, schnipsen, wedeln mit ihren Fingern, machen Quieck-Geräusche oder laufen bei Fragen zur Lehrkraft).

Die Abstufungen von Verhalten (z. B. leises bis lautes Verhalten) werden immer auch durch die aktuelle Situation aktiviert! Je nach dem Vorhandensein von Grenzen und je nach der Umsetzung von Regeln entstehen unterschiedliche Tendenzen für Verhalten und Lernprozesse (Allport 1970).

In einem unstrukturierten Unterricht wird der Schüler Max aus dem vorherigen Beispiel weiterhin oft hereinrufen, sich laut verhalten, besonders oft umherlaufen. In einem strukturierten Unterricht wird er sich besser auf den Unterrichtsprozess ausrichten können.

In einer ruhigen Lernatmosphäre können die Erziehungsbemühungen den Schüler überhaupt erst zielführend erreichen.

Auch Schüler mit Verhaltensauffälligkeiten wollen einen ruhigen Unterricht, auch wenn sie zunächst immer wieder eine erhebliche Unruhe in den Lernprozess hineintragen.

Dieser scheinbare Widerspruch lässt sich durch ihre innere Situation verstehen. Diese Schüler sehen sich gleichzeitig mit dem Unterrichtsgeschehen oft mit diffusen Gedanken und Emotionen konfrontiert. Es ist deshalb für sie dann eine besondere Leistung, sich gleichzeitig mit ihren inneren Belastungen um eine Konzentration auf den Unterricht zu bemühen!

Klassenregeln erfüllen die Bedürfnisse nach kalkulierbaren Lernprozessen und sie halten die Ordnung im Unterricht aufrecht. Dadurch stellen Regeln sicher, dass in einer größeren Gruppe wirksam gelernt werden kann.

Mit Blick auf den Entwicklungsprozess von Schülern mit Verhaltensauffälligkeiten nimmt die Melderegel eine besonders unterstützende Bedeutung ein. Sie regt bei Schülern Sachbezogenheit an, fördert eine ruhige Atmosphäre und schafft dadurch Raum für Beziehungen.

Die Regel „Zuhören" ist ebenso unverzichtbar. Schüler müssen von den Lehrkräften gehört werden und brauchen einen erwachsenen Ansprechpartner, jedoch zu seiner Zeit! Sie müssen genauso lernen, zuzuhören und abwarten zu können.

Klassenregeln können z. B. sein:

1. Ich melde mich leise. (Diese Regel ist besonders wichtig.)
2. Ich höre anderen zu.
3. In der Einzelarbeit lerne ich leise.
4. In der Partnerarbeit achte ich auf die Tischlautstärke.

Praxis

Klassenregeln sollten so formuliert werden, dass Schüler sie einhalten können. Dafür sollten sie positiv formuliert werden (kein „Nicht", „Ohne" oder „Weniger", z. B. „Zuhören!" statt „Wir reden nicht durcheinander." oder „Ich gebe mir Mühe." statt „Ich erledige meine Aufgaben, ohne zu meckern.").

Die Regelanwendung bezieht sich ausschließlich auf die Schüler. Die Lehrkräfte verantworten die Regelausgestaltung und sie repräsentieren über ein stetiges Beharren auf sie ihre Gültigkeit im Unterricht. Die Verantwortung der Schüler liegt in der Regelanwendung.

Dadurch unterscheiden sich Klassenregeln von Klassennormen. Die Regel „Wir sind freundlich" ist eine Norm, denn freundliches Verhalten kann nicht einseitig von Schülern erwartet werden. Normen sind Verhaltenserwartungen, die stets vorgelebt werden müssen.

Klassenregeln beschreiben einen Verhaltenskodex, den die Lehrkraft aufstellt als Rahmen für den von ihr zu verantwortenden Unterricht. Indem sie geduldig-beharrlich-unbeirrbar auf die Einhaltung der Regeln besteht und dadurch ihre Gültigkeit und Priorität vertritt, festigen sich die Regeln Schritt für Schritt und können so ihre unterstützende Bedeutung entfalten. Dafür braucht es professionelle Disziplin! Die aufgestellten Regeln sollten nicht von der Lehrkraft wieder aufgehoben werden, indem sie z. B. auf Schüler eingeht, die entgegen der Melderegeln ihre Antwort hineinrufen. Aus solch einem Fehler lässt sich aber eine Tugend machen, indem man es offen vor der Klasse anspricht: „Vielleicht ist euch aufgefallen, dass ich heute mehrmals auf das Reinrufen eingegangen bin. Das war gegen die Regel. Daran muss ich noch arbeiten."

Bei Klassenregeln gilt die Maxime: Weniger ist mehr.

Durch die Reduktion der Regeln lässt sich besser auf sie fokussieren und Schüler können sie gezielter einüben. Sie werden dort sichtbar platziert, wo sich die Lehrkraft am meisten aufhält. So können sie unmittelbar einbezogen werden, z. B. indem auf eine Regel geklopft wird, und sie befinden sich eher im Blickfeld der Schüler.

Es bestehen gute Praxiserfahrungen damit, eine „Top-Regel“ festzulegen, durch die eine Erwartung für eine Unterrichtsstunde oder -phase stärker betont wird. Sie wird dann für diese Zeit zu einem bevorzugten Bezugspunkt zur Bestärkung oder Korrektur von Verhalten, z. B. „Du meldest dich das zweite Mal leise, gut!“ oder „Schön, dass du dich beteiligen willst. Du rufst aber hinein.“

Eine zusätzliche Unterstützung für Schüler mit Verhaltensauffälligkeiten ist eine Regelkonkretisierung durch Regelsets (Übung am Ende von Kap. 2.3). Dabei konkretisiert die Lehrkraft nochmals das Regelverhalten und bietet dem Schüler zusätzliche individuelle Möglichkeiten im Umgang mit einer Regel an.

Angesprochen werden kann auch die Anstrengung, die der Schüler bei der Regelanwendung aufbringen muss: „Mir ist im Sitzkreis die Regel „Zuhören“ wichtig und ich weiß auch, dass es dir heute nicht gut geht. Probiere es und signalisiere mir bitte rechtzeitig mit einer Doppelmeldung, wenn dir das Zuhören nicht mehr gelingt.“

Regelsets können mit Schülern oder Klassen gemeinsam erarbeitet werden. Dies kann über Fragen geschehen, z. B.:

- Wie meldet man sich richtig? Wie eher nicht?
- Weshalb ist richtiges Melden eigentlich so schwierig?
- Was wünscht ihr euch, wenn ihr jemandem etwas erzählt?
- Was macht es eigentlich schwierig, richtig zuzuhören?
- Wo liegt das Problem, wenn es im Unterricht laut ist?
- Wieso ist leises Lernen in der Einzelarbeit schwierig?
- Durch was wird gemeinsames Lernen zur Partnerarbeit?
- Wieso ist leises Lernen in Partnerarbeiten schwierig?
- Wofür ist Melden, leises Lernen, Zuhören usw. wichtig?

Fazit

Kinder sind lebendig, offen, interessiert und verhalten sich am liebsten spontan. Jugendliche wollen ihre Freiräume. Das ist selbstverständlich in Ordnung. Zum Problem wird dies nur, wenn den spontanen Beteiligungsmustern von Schülern durch Lehrkräfte nachgegeben wird. Vielmehr ist gerade in der Arbeit mit Schülern mit Verhaltensauffälligkeiten wichtig, ihre sachbezogene Einstellung verstärken zu können (Kap. 3.1).

Es gehört zur professionellen Aufgabe einer Lehrkraft, Unterrichtsregeln sinnvoll zu gestalten. Sie müssen Regeln weder mit den Schülern aushandeln noch von ihnen unterschreiben lassen, denn es sind keine pädagogischen Verträge. Wenn Schüler in einem gut strukturierten Unterricht die Erfahrung machen, dass Regeln ihrem Lernprozess gut tun, beginnen sie, Regeln zu schätzen.

Klassenregeln und ihre Regelsets

1. Bitte lesen Sie sich die Regelsets der Klassenregeln durch.
2. Sie können ein Regelset für die vierte Klassenregel erstellen.
3. Vielleicht entwickeln Sie für Ihre Klassenregeln eigene Regelsets?

Klassenregeln:	Beispielhafte Regelsets:
Ich melde mich leise.	„Es ist mir wichtig, dass du dich um die Melderegel bemühst. Bei einer kurzen Frage kannst du auch deinen Tischnachbarn fragen. Bei einer umfangreicheren Frage melde dich leise. Bei einer Doppelmeldung sehe ich, dass du fertig bist und unterstützen möchtest. Manchmal musst du abwarten, bis ich zu dir komme. Dafür brauchst du etwas Geduld. Manchmal kommst du nicht an die Reihe, obwohl du die Antwort weißt. Das ist in einer Gruppe so. Ich sehe aber immer, dass du dich meldest!"
Ich höre anderen zu.	„Mir ist wichtig, dass du dich bemühst, richtig zuzuhören. In der Schule bedeutet Zuhören, den, der spricht, auch anzuschauen. Ich freue mich, wenn ich deine Augen sehe! Zuhören kann anstrengend sein und es ist in Ordnung, wenn deine Gedanken auch mal abschweifen. Natürlich kannst du immer mal auch in der Klasse umher schauen. Ich erwarte aber, dass du dich darum bemühst, zu hören, was der Sprecher sagt. Wenn du selber merkst, dass du gerade gar nicht zuhören kannst, kannst du aus dem Sitzkreis an den Platz wechseln oder dir eine Auszeit nehmen (Erlaubnisse)."
In der Einzelarbeit lerne ich leise.	„Mir ist wichtig, dass ihr in der Einzelarbeit leise lernt. Wenn euch etwas fehlt, z. B. ein Radiergummi, möchte ich nicht, dass ihr über mehrere Tische hinweg danach fragt. Bitte fragt nur euren linken oder rechten Tischbarn. Sonst meldet euch. Ich weiß, dass ihr manchmal eine Aufgabe nicht sofort versteht. Oder es kann sein, dass ihr euch unsicher fühlt, ob das Ergebnis richtig ist. Und manchmal fühlt man sich auch völlig damit überfordert. Das ist dann unangenehm, aber so etwas ist normal. Fehler passieren, mir übrigens auch. Sie sind notwendig, um zu lernen. Natürlich helfe ich euch gerne."

Ein unterstützendes Regelset zur Regel: „In der Partnerarbeit achte ich auf die Tischlautstärke" kann lauten:

____

____

____

____

Ein unterstützendes Regelset zu Klassenregeln in meinem Unterricht kann lauten:

____

____

____

____

2.4 Gespräche

Sprachliche Kompetenzen gehören zum professionellen Handwerkszeug. Lehrkräfte müssen Schüler und Klassen durch die unterschiedlichen Gesprächsanlässe führen können. Dafür müssen die Standardsituationen über zielführende Abläufe und Kommunikation gestaltet werden.

Haltung

Gespräche können eine verständigende, aber auch klärende, vereinende, entlastende und erbauende Funktion einnehmen (Traub 2006). Durch den beziehungsorientierten Dialog auf der Basis von Verlässlichkeit, Transparenz, Rücksichtnahme und Wertschätzung und durch die Kommunikation über die stattfindenden Gruppenprozesse entwickeln sich die Beziehungsqualitäten in der Klasse.

Im Sinne Bubers (2006) ist eine Klassengemeinschaft die positive Gegenseitigkeit zwischen allen Teilnehmern der Klasse untereinander. Sichtbar wird Beziehung im Dialog, z.B. im Aufnehmen und Fortführen des Gesagten, im interessierten Nachfragen und Ergänzen von Überlegungen, im Gegenüberstellen von Unterschieden. All dies ist ein Suchen nach Gemeinsamkeit im Fühlen, Denken und Handeln.

Der Dialog ist auch der Motor für die positive soziale Entwicklung von Schülern mit Verhaltensauffälligkeiten. Die Lehrkraft sollte die Entstehung von Unterschieden anregen, also den Schüler dazu einladen, etwas anderes zu tun als bisher. Ebenso muss sie ihm die neue Richtung weisen und ihn dazu ermuntern, den Weg selbst zu gehen. Und in diesem Prozess muss sie ihn bestärken (Kap. 3.4).

Praxis

Grundsätzlich haben alle Gesprächssituationen im Unterricht eine bestimmte Funktion; z.B. unterstützt der Morgenkreis den Übergang von den persönlichen Lebensumständen der Kinder und Jugendlichen in die Ordnung einer Schulklasse. Motivierend gestaltet kann er ein „Wir-als-Klasse-Gefühl" anregen und dafür genutzt werden, Schülern Klarheit über die momentane Schulsituation zu vermitteln.

Vier Holzbänke bilden den Morgenkreis der zweiten Klasse, jeder Schüler hat ein eigenes Kissen. Johann setzt sich den Hut auf, den der „Morgenkreisleiter" trägt. Er stellt eine elektronische Kerze an. Nun wird von Ohr zu Ohr ein „Guten Morgen" verschickt. Johann hängt den Kalender an die Tafel: „Heute ist Mittwoch, der 20. April." Schüler, die wollen, dürfen ein Erlebnis berichten. Johann liest die Klassendienste und den Tagesplan vor. Der Morgenkreis schließt mit Fragen und Informationen, die nun wichtig sind.

Es sind die kreativen und die Schüler verantwortungsvoll einbindenden Details wie in diesem Morgenkreisbeispiel, die bei Schülern eine Bereitschaft und Freude hervorrufen, sich an Gesprächen zu beteiligen.

Die Fähigkeit der Lehrkraft, Gespräche im Unterricht als einen sicheren Raum zu etablieren, hilft Schülern mit Rückzugsverhalten, sich zu öffnen und zu beteiligen. Deshalb sollte die Lehrkraft jede Äußerung der Schüler möglichst niemals abwerten, sondern behutsam aufnehmen.

Eher abwertend: „Kannst du auch in vollständigen Sätzen sprechen?!" Eher bestärkend: „Danke. Versuche mal, es als ganzen Satz zu formulieren."

Eher abwertend: „Sag es doch mal so, dass man es auch verstehen kann." Eher bestärkend: „Okay. Wenn ich dich richtig verstanden habe, meinst du ...?"

Jeder Gesprächsanlass ist wertvoll, weil nur durch viel Übung sprachliche Kompetenzen erworben werden können. Unterstützend dafür sind Sitzordnungen, die das Kriterium der Gegenwärtigkeit erfüllen wie die U-Form oder Gruppentische, die Bewegungs- und Interaktionsmuster zulassen, die Schülern signalisieren: „Ich habe dich im Blick, bin anwesend und jederzeit ansprechbar, falls du Hilfe benötigst." Das Gleiche bietet eine Raumaufteilung, bei der ein Gesprächskreis unmittelbar gebildet werden kann, z. B. um einen schwelenden Konflikt zwischen Schülern zu lösen, zur Regelklärung oder für positive Feedbacks.

Lehrkräfte sollten als Modell in Gesprächen auf Ich-Botschaften achten (Gordon 1994). Folgende in ihnen enthaltene Komponenten können in der Reihenfolge vertauscht werden:

1. die Benennung des Verhaltens,
2. die Auswirkungen des Verhaltens,
3. die beim Sender auftretenden Gefühle und
4. ein Wunsch/eine Erwartung für zukünftiges Verhalten.

Lehrerfeedback zur Korrektur der Regelanwendung: „So arbeiten wir nicht weiter! Die Fragen werden laut hineingerufen (1). Das ärgert mich! (3) So kann ich nicht konzentriert arbeiten und ihr auch nicht (2). Ich erwarte, dass sich jeder den Rest dieser Stunde darum bemüht, sich leise zu melden (4)."

Positives Lehrerfeedback: „Ich freue mich (3), dass jeder auf die Melderegel geachtet hat (1). Dadurch konnten wir konzentriert lernen und unsere Aufgaben erledigen (2). Wenn wir da morgen ansetzen, wäre das gut! (4)."

Es ist die Aufgabe der Lehrkraft, verbindliche Regeln der Gesprächsführung zu etablieren. Diese ermöglichen es erst, dass Informationen konzentriert ausgetauscht werden können und Schüler wechselseitig die Rolle des Sprechers und des Hörers einnehmen.

Gesprächsbasics sind deshalb:

- „Wenn ich etwas mitteilen will, melde ich mich leise."
- „Ich höre dem anderen zu."
- „Ich lasse den anderen aussprechen."
- „Eine Nachfrage stelle ich erst, wenn der andere fertig ist."

Schüler mit Verhaltensauffälligkeiten profitieren von Lehrkräften, die Konflikte in einer Form besprechen können, die Schüler wieder miteinander in Beziehung bringt, statt Gewinner und Verlierer zu hinterlassen.

Gute Praxiserfahrungen bestehen bei Konfliktklärungen mit einem Ablauf, der sich aus den folgenden vier Phasen zusammensetzt (Tab. 1).

Tab. 1: Phasen der Konfliktklärung

Ablauf:	Regelsets:
1. Darstellung der Sichtweisen „Jeder kann nun erzählen, wie er den Konflikt sieht. Bitte beginnt dort, wo es angefangen hat, und beschreibt es dann genau."	„Mir ist wichtig, dass nur einer redet. Die anderen hören zu. Jeder kommt an die Reihe. Wenn einer beschreibt, wie er es sieht, heißt das nicht, dass es genauso war. Es zeigt nur, wie derjenige es gesehen hat. Wer nicht dran ist, kann üben zuzuhören und abzuwarten."
2. Zusammenfassung der Sichtweisen Ziel: Übereinstimmungen und Unterschiede herausarbeiten, bei Unklarheiten werden Beobachter einbezogen	„Bitte hört nun gut zu: Ich fasse nun kurz zusammen, was ich von euch gehört habe und wie ich den Konflikt dadurch bisher verstehe."
3. Abschluss des Konfliktgeschehens Die Schüler können etwas ergänzen oder die eigene Darstellung korrigieren.	„Jeder hat nun seine Sicht dargestellt. Vielen Dank! Es kommt der letzte wichtige Schritt, in dem es um die Veränderung/Lösungen geht."
4. Vereinbarung und Versöhnung „Ich möchte nun, dass jeder von euch sagt, welches Verhalten ihr euch ab jetzt von dem anderen wünscht." Damit mindestens ein Wunsch positiv formuliert wird, hilft die Frage: Und was soll er dann stattdessen tun?"	Nachdem die Schüler gefragt wurden, ob sie dem Wunsch nachkommen, können sie um Entschuldigung bitten und ggf. eine Wiedergutmachung anbieten.

Da die Zeit im Unterricht häufig begrenzt ist und zudem bei unbeteiligten Mitschülern zu viel Unruhe aufkommen kann, können die zweite und/oder dritte Phase kurz gehalten oder notfalls übersprungen werden. Gute Erfahrungen bestehen damit, ein Nachgespräch zu vereinbaren. In diesem wird nach etwa zwei bis vier Wochen überprüft, ob die Wünsche des anderen umgesetzt wurden. Indem am Ende über positive gemeinsame Erfahrungen gesprochen oder kurz gemeinsam etwas gespielt wird, werden Schüler wieder positiver in Beziehung gebracht.

Förderkonzepte sollten die hohe Bedeutung einbeziehen, die zusätzliche Beziehungssituationen mit der Klassen- oder einer Fachlehrkraft für Schüler mit Verhaltensauffälligkeiten haben. Diese Einzel- bzw. Fördergespräche können z. B. realisiert werden, indem Förderschullehrkräfte einzelne Unterrichtstunden vertreten. Inklusion erfordert eine hohe Flexibilität!

Innerhalb des geschützten Rahmens eines Einzelgesprächs können die Schüler Gefühle und Gedanken ansprechen, die sie im Klassenverbund eher zurückhalten.

Skalen (Kap. 2.6) sind eine hilfreiche Grundlage für Gesprächssituationen, die sich u. a. auch für Fragen zum Wohlbefinden des Schülers einsetzen lassen.

Mit Metaphern (Übung am Ende von Kap. 2.4), die Schüler gerne mögen, lassen sich Themen visualisieren und Lernziele- und -schritte über Bilder verankern. Wirkungsvoll sind die Metaphern aus der Alltagserfahrung der Schüler. Beispielsweise lässt sich mit der „Fußballmetapher" die Schülerposition mit ihrer Verantwortung reflektieren. Sie eignet sich z. B. bei Schülern, die sich zu sehr um Lehreraufgaben kümmern, eher auf das Fehlverhalten der anderen Schüler achten oder permanent Lehrerinformationen diskutieren wollen. Mit der „Bergmetapher" lassen sich z. B. Fähigkeiten oder nächste Lernschritte visualisieren. Mit der „Wegmetapher" können die wahrscheinlichen Folgen des aktuellen Weges des Schülers reflektiert, Wahlmöglichkeiten und Entscheidungen mit dem Schüler besprochen werden.

Fazit

Schüler mit Verhaltensauffälligkeiten benötigen keine langatmigen Gespräche, sondern eher beständige hilfreiche Beziehungssituationen. Die Lehrkraft sollte dem Schüler, unterstützt durch Haltung und Sprachstil (Kap. 3.1), mitteilen: „Ich nehme dich ernst. Ich sehe, du bist dabei, größer zu werden, und diesen Teil spreche ich an."

Metaphern für Einzel- bzw. Fördergespräche mit Schülern

Bitte betrachten Sie die Übungsbeispiele. Was könnte für Sie praktikabel sein, was nicht? Vielleicht entwickeln Sie eine für Sie interessante Metapher?

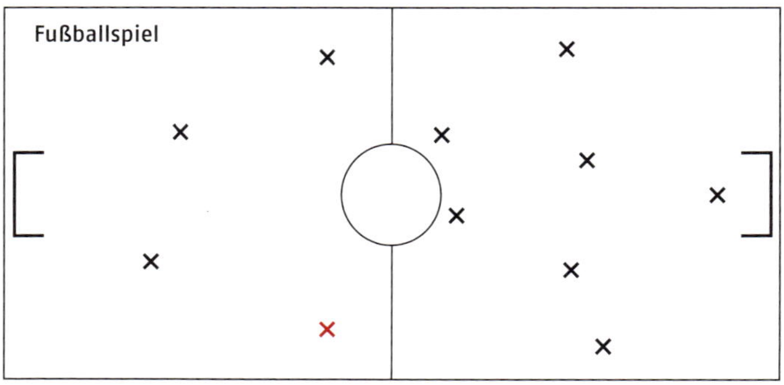

Wunschposition des Schülers: Mittelfeld × Trainer

Lk.: „Welche Position hättest du gerne auf dem Fußballfeld?
„Wenn du Mittelfeldspieler bist, welche Aufgaben hast du dann? Was erwartet der Trainer noch von dir?"
„Wenn du nicht deine Position hältst, weil du einfach viel lieber vorne spielen willst, wie reagiert der Trainer?"
„Angenommen, der Trainer will dich auswechseln, du bleibst aber auf dem Feld.
Was macht der Trainer dann?"

Lk.: „Lass uns mal versuchen, dies nun auf die Schule zu übertragen." (Schüler kann ggf. den Klassenraum zeichnen)
„Wo ist im Klassenraum deine Position? Was sind hier deine Aufgaben? Wer sind die Trainer? Was erwarten sie?"

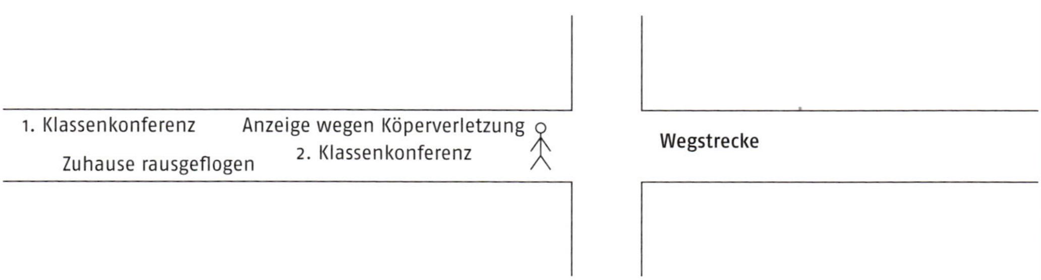

Lk.: „Wenn du diesen Weg so weitergehst, was kommt?"
Schüler: „Keine Ahnung ... Stress ... Arbeitslosigkeit ... Knast?"
Lk.: „Ja, das kann durchaus passieren. Was ist die Alternative? (...) Was könnte die Kreuzung vor dir vielleicht sein?"

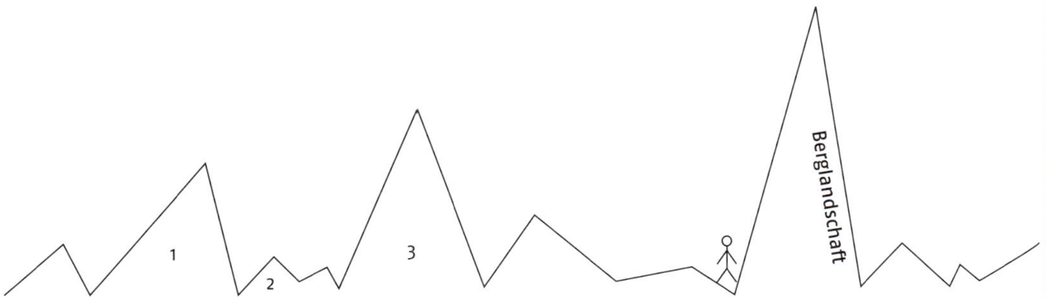

Lk.: „Ich habe dir ein Gebirge aufgezeichnet. Wofür könnten die Berge in der Schule stehen? (...) Welchen Berg hast du vielleicht schon überwunden und vor welchem stehst du noch?"

Schüler: „Ich kann jetzt schon bis hundert rechnen." (1)
„Ich kann schon Schreibschrift schreiben." (2)
„Ich habe weniger Ärger." (3)

Lk.: „Ich sehe, du kannst schon so manches. Vor welchem Berg stehst du dort? Wie könntest du dort hochkommen?" „Ich frage mich, was dich auf dem Aufstieg alles so erwarten könnte? Kann dir jemand beim Heraufsteigen helfen?"

2.5 Feedback

Feedback ist eine prozessbegleitende und wechselseitige Rückmeldung zwischen den Schulteilnehmern. Es besteht aus zwei Komponenten: dem Feedback-Geben und Feedback-Nehmen.

Haltung

John Hattie (2013) hebt in seiner Metastudie „Visible Learning – Lernen sichtbar machen" das prozessbegleitende Feedback als einen der wirkungsmächtigsten Faktoren für erfolgreiche Lernprozesse hervor. Feedback kann nach Hattie bei Lernenden Gedächtnisinhalte bestätigen, hinzufügen und überschreiben. Dies gilt gleichermaßen für Fachwissen, Überzeugungen über sich selbst oder soziale Strategien.

Das kontinuierlich unterstützende Feedback der Lehrkraft kann das Selbstwirksamkeitserleben (1), Selbstwertgefühl (2) und Selbstkonzept (3) der Schüler beeinflussen. Die positiven Lehrerbotschaften können ein verändertes Denken und Fühlen prägen, z. B.: „Ich habe gehört und weiß jetzt, dass ich etwas schaffe. Ich bin auf einem richtigen Weg (1). Was ich versuche und schaffe, ist wichtig (2)! Ich kann etwas (3)."

Kontinuierliches Lehrerfeedback kann bei Schülern aufbauende Vorstellungen und Gefühle prägen, aus denen dann eine positive Verhaltensveränderung folgt.

„Lehrende und Lernende, die systematische Feedbackarbeit so nutzen, dass aus der Reflexion des Lernprozesses Konsequenzen für das weitere Lernen gezogen werden, bemerken sehr bald, dass dies bei den Lernenden ein verändertes Selbstverständnis von Lernen und Unterricht bewirkt. Die Lernenden erfahren, dass ihre Rückmeldung gefragt ist, dass sie Einfluss nehmen können und dass sie so Verantwortung für die eigenständige Gestaltung ihres Lernens übernehmen können" (Bastian 2014, 8).

Damit in Feedbacksituationen für den Sender und Empfänger stets die unterstützende Botschaft in einer Rückmeldung erkennbar wird, bzw. die Lehrkraft diese herausarbeiten kann, sind Feedbackleitsätze hilfreich. Diese unterstützen die wertschätzende Kommunikation und sie schützen Schüler vor negativen Kritiken (Übung am Ende von Kap. 2.5).

Lehrerfeedbacks sollten bei Schülern mit Verhaltensauffälligkeiten im besonderen Maße ihre Lernbereitschaft und individuellen Lernfortschritte betonen (Kap. 3.4). Ein kritisches Feedback sollte zu einem späteren Zeitpunkt mit Bestärkungen ergänzt werden.

Praxis

Wichtiger als die Feedbackmethode selbst ist der Prozess. Durch Feedbacks fühlen sich Schüler ernst genommen und in den Arbeitsprozess eingebunden. Die „Daumenprobe" ist eine einfache, flexible und zeitschonende Feedbackmethode, bei der die Schüler zu einer begrenzten Fragestellung ihre Einschätzung über einen Daumen nach oben, zur Seite oder nach unten abgeben. Dadurch, dass die Lehrkraft ausgewählte Schüler ihre Einschätzung begründen lässt, werden soziale Lernziele herausgearbeitet und somit verstärkt (1).

Die Deutschstunde endet mit einer Daumenprobe zur Top-Regel „Melden". Lehrkraft: „Wie ist eure Einschätzung zur Top-Regel?" Die meisten Daumen der Schüler zeigen nach oben, nur Murats und Svens zeigen zur Seite. Lehrkraft: „Ich stimme mit der Mehrheit überein. Es gab in dieser Stunde viele Leise-Melder! Murat, welche Verbesserungsmöglichkeiten siehst du?" (1) Murat: „Ich habe zweimal reingerufen!" Lehrkraft: „Ah okay, aber gut, dass es dir selbst aufgefallen ist. Welche Veränderungen könntest du vornehmen?" (1). Murat: „Leise melden."

Die Daumenprobe eignet sich auch für das wechselseitige Feedback, bei der die Schüler der Lehrkraft zu einer jedoch begrenzten Fragestellung eine Rückmeldung geben.

Lehrkraft: „Sendet mir doch bitte auch ein Feedback zur Top-Regel. Habe ich nur die Leise-Melder drangenommen?" 16 Daumen zeigen nach oben, drei zur Seite und Svenjas nach unten. Lehrkraft: „Euer Feedback freut mich! Svenja, was hast du aber beobachtet?" Svenja: „Ich habe, ohne mich zu melden, einmal was gefragt und Sie haben darauf geantwortet! Lehrkraft: „Oh, stimmt, Svenja. Du siehst, mir passieren Fehler." Svenja: „Das ist nicht so schlimm."

Mit dem „Blitzlicht" lassen sich Gemeinschaftsprozesse begleiten. Hier findet das Feedback zumeist in einem Stuhlkreis statt. Jeder Schüler erhält die Gelegenheit, sich kurz mündlich zu äußern, z. B. zu dem aktuellen Klassenmotto.

Hier bieten Satzanfänge Strukturierungshilfen für den Gesprächsprozess, z. B.:

- zu Beginn: „Ich wünsche mir ...", „Ich erhoffe mir ...", „Ich könnte ...", „Wir könnten ...", „Ich stelle mir vor, dass ...";
- im Prozess: „Ich finde gut, ...", „Ich habe beobachtet, ...", „Es freut mich, ...", „Ich kann/Wir können noch verändern, ...";
- zum Abschluss: „Gut fand ich, ...", „Ich habe gelernt, ...", „Ich möchte mich bedanken, ...", „Was ich mir wünsche, ist ...".

Der Gesprächskreis eignet sich für individuelle Schülerfeedbacks. Dafür kann ein persönlicher Gegenstand des Schülers in die Mitte gelegt werden, z. B. dessen Federmappe. Zu einer bestimmten Fragestellung geben ihm seine Mitschüler ein Feedback. Dabei gilt als oberster Leitsatz: Das erste Feedback ist immer positiv!

Die Klasse gibt Michel ein Feedback zur Klassennorm „Hilfsbereitschaft". Marie: „Du warst hilfsbereit, als du mir die Tür aufgehalten hast. Can: „Du hast mir ein Kühlkissen geholt, das fand ich hilfsbereit. Was ich mir von dir aber wünsche, ist, dass du nicht so aggressiv bist, wenn kein Lehrer da ist."

Noch offener gestalten lassen sich Feedbacksituationen, indem lediglich eine Themenkarte oder ein -bild in die Mitte gelegt werden. Noch wichtiger als Feedbackplakate für die Schüler sind Feedbackleitsätze zur Gestaltung dieser Gespräche. Mit ihnen kann die Lehrkraft stets neu die hilfreichen Wirkungen eines Feedbacks herausarbeiten (Tab. 2).

Tab. 2: Feedbackleitsätze

Feedbackleitsätze: Hilfreiche Rückmeldungen ...	Lehrerimpulse für Schüler beim Feedback-Geben
(1) enthalten für den Empfänger etwas Positives	Tipp/Regel: Positives zuerst! Anregungen durch die Lehrkraft: „Positiv kann für den Empfänger sein, wenn du ihm genau mitteilst, was gut war, du ihn lobst, ihn ermunterst oder ihm deine Unterstützung anbietest." Kritik kann positiv sein, wenn er merkt, dass du an einer Verbesserung für ihn interessiert bist."
(2) enthalten Ich-Botschaften	Ritualisierung Satzanfänge, z. B. Tipp-Top-Prinzip: „Top fand ich ..., als Tipp gebe ich dir ..."
(3) sind möglichst beschreibend, nicht wertend	Tipp: Kritisiere das Verhalten des anderen, möglichst jedoch nicht seine Person.

Tab. 2: Feedbackleitsätze (Fortsetzung)

Feedbackleitsätze: Hilfreiche Rückmeldungen …	Lehrerimpulse für Schüler beim Feedback-Geben
(4) enthalten Kritik, die für den Empfänger hilfreich ist	Tipp: Sag möglichst genau, was der Empfänger konkret verändern könnte. Anregungen durch die Lehrkraft: „Welches Verhalten stört dich? Welches wünscht du dir stattdessen von ihm?" Welche Idee/welchen Vorschlag hast du, was er verändern/verbessern/noch üben könnte?"
(5) beziehen sich auf begrenzte Situationen und Verhaltensweisen	Tipp: Beschreibe die Situationen ohne Wörter wie z. B. „immer" oder „jedes Mal".
(6) sind Angebote und keine Gebote	Tipp: Feedbacks sind Angebote, bei denen wir Ideen, Vorschläge oder Wünsche mitteilen, den anderen um etwas bitten und uns bei dem Gegenüber bedanken können.
(7) benötigen die Bereitschaft des Empfängers, sie zu hören und anzunehmen	Ein Tipp für den Feedback-Nehmer: Rechtfertige dich nicht, sondern überlege für dich selbst, welche Rückmeldungen hilfreich sein könnten und welche nicht. Anregungen durch die Lehrkraft: „Ich sehe, dich beschäftigt das Feedback jetzt innerlich. Denk daran, es ging dabei um dein Verhalten, nicht um deine Person."

Der folgende Feedbackausschnitt einer Schule für Erziehungshilfe soll für die Lehrkraft die Herausforderung vermitteln, auf die hilfreichen Leitsätze hinzuführen.

Danny äußert sich zum Feedbackthema „Klassenklima": „Es nervt mich, wie Luiz morgens ankommt." Lehrkraft: „Was stört dich genau daran, wie sich Luiz in der Klasse verhält?" (3) Danny: „Ja, wie er morgens hier so reinstolziert, allein das nervt mich!" Lehrkraft: „Du wünschst dir, dass Luiz etwas verändert, wenn er morgens die Klasse betritt. Was könnte das sein?" (4/5) Danny: „Ich brauche meine Ruhe und er brüllt rum." Lehrkraft: „Okay, du hast kein Problem mit Luiz, sondern ein Problem mit Lautstärke. Welchen Tipp hast du für ihn?" (6)

Fazit

Damit sich eine Feedback-Kultur entwickeln kann, müssen nach Hattie (2013) Lehrkräfte Interesse dafür aufbringen, sich in die Perspektive von Schülern hineinzuversetzen und deren Informationen in anspruchsvolle Lernprozesse zu integrieren. Ebenso begreift Hattie Feedbackstrukturen als eine unverzichtbare Grundlage für die konstruktive Zusammenarbeit zwischen den Lehrkräften. Das Feedback kann in einem möglichst offenen Austausch und gemeinsamer Reflexion im Kollegium über Unterrichtsmethoden, -prozesse und -ergebnisse bestehen. Dadurch kann sich eine Kultur der vertrauensvollen Kooperation entwickeln.

Ebenso ist es wichtig, dass zum Erlernen dieser Feedbackkultur Zeit und Übung gegeben wird. Es bedarf einer Lehrkraft, die als positives Modell agiert. Zu anfänglichen gelenkten und kleinen Feedbackmomenten können später intensive und freie Feedbackgespräche hinzukommen.

Feedbacks in meinem Unterricht

1. Bitte schätzen Sie Ihre eigene Feedbackkultur in Ihrem Unterricht ein. Sie können dafür eine Markierung zwischen den Gegensatzpaaren vornehmen. Überlegen Sie dann als Zweites, wie Sie diese Feedbackkultur weiterhin aufrecht erhalten oder an welcher Stelle Sie diese weiterentwickeln können.
2. Sie können – sofern Feedback für Sie eine Priorität besitzt – eine zweite Markierung vornehmen, die einen Veränderungsprozess anregen könnte.

In meinem Unterricht erfolgen Feedbacks ...

selten	häufig
einseitig	wechselseitig

In meinem Unterricht haben Feedbacks ...

geringe Qualität	hohe Qualität
keine Effekte	hohe Effekte

Beispiel

selten — aktuell — in 3 Monaten — häufig

2.6 Instrumente

Instrumente sind lernprozessbezogene und unterstützende Hilfsmittel. Sie können pädagogisch wertvoll sein, wenn sie in gemeinsame Beziehungsprozesse eingebunden werden.

Haltung

Wie alle Instrumente benötigen auch pädagogische Hilfsmittel ein gekonntes Führen, damit ihr Einsatz erfolgreich ist. Dies kann durch einen Förderplan unterstützt werden, der genau genommen ein schülerbezogenes Erziehungskonzept für eine festgelegte Zeitspanne darstellt. Im folgenden Förderplanausschnitt wurden ein Verhaltensfeedback und Skalen als Instrumente eingebunden. Die Zielsetzung war, den Schüler bei der Erfüllung der Erwartungen an ihn zu unterstützen (Tab. 3).

Tab. 3: Förderplanausschnitt

Förderplan für Lars Meinert Zeitraum: 16.10. – 01.12.17	Lehrer/in: Frau Scheck Förderlehrer/In: Herr Mauritz	Klasse: 1 Schuljahr: 2017/2018
Stärken: Lars zeigt sich gegenüber Erwachsenen und Mitschüler/innen mitteilungsfreudig, aufgeschlossen und fröhlich. Er kann mit ausgewählten Partnern kleine Lernaufträge lösen.		Förderschwerpunkt: emotionale und soziale Entwicklung
Förderbereiche/Förderrelevantes Verhalten: - Emotionalität/Sozialverhalten - Arbeits-/Regel- und Konfliktverhalten Lars redet im Unterricht immer wieder mit lauter Stimme dazwischen, läuft durch die Klasse, nimmt Sachen von Mitschülern weg und wirft diese auf den Boden. Er verlässt den Klassenraum und ist dann nicht mehr im Aufsichtsbereich. Er wühlt dann manchmal auf dem Schulflur fremde Taschen durch und hat auch schon Dinge eingesteckt.	**Erwartungen: (Schüler sollte können/lernen …)** Lars sollte wahrnehmen, dass Lernen in der Schule regelgeleitet stattfindet. Er sollte die Regeln im Klassenverbund kennen und berücksichtigen lernen. Er sollte lernen: - am Platz zu sitzen, - sich leise zu melden, - bei Lehrerhinweisen die Informationen nutzen, um sein Verhalten zu ändern.	**Pädagogische Maßnahmen:** <u>1. Verhaltensfeedback im Unterricht</u> Über das Verhaltensfeedback werden Lars die Erwartungen „Am Platz bleiben" und „Leise melden" im Unterrichtsprozess bewusst gemacht. <u>2. Gespräche mit Lars</u> (1) Lars, Fr. Scheck, Hr. Mauritz: Erwartungen und Umgang mit dem Verhaltensfeedback am 18.10. (2) Zehn-Minuten-Gespräche freitags im Wechsel zwischen Fr. Schenk und Hr. Mauritz; Skalen zu den Fragestellungen: Wie geht es dir in der Schule? Wie schätzt du dein Melden ein? Lehrerfokus auf positives Feedback, ggf. ein Auftrag für die nächste Woche: „Daran kannst du noch arbeiten/kannst du verbessern." <u>3. Lehrerverhalten im Unterricht</u> Lehrerimpulse in Bezug auf die Erwartungen, z. B. „Melden!", „Hinsetzen" und Verhaltenskonfrontationen, z. B. „Du rufst zum zweiten Mal rein!" oder „Du läufst durch die Klasse!" und Bestärkung des positiven Verhaltens

Praxis

Verhaltensfeedback: Dies ist in Grundschulen ein sehr wirksames Instrument und hat sich bis zur siebten Klasse bewähren können. Mithilfe der Anzahl der Stufen kann es flexibel gestaltet werden. Der hilfreiche Einfluss dieser Methode auf die Unterrichtsdynamik entwickelt sich dadurch, dass die Lehrkraft den Schüler im Unterrichtsgeschehen mittels einer Klammer ein Feld weiter setzen kann, z. B.: „Denk an das Melden! Beim nächsten Mal Reinrufen setze ich dich ein Feld weiter.“ (Abb. 5).

Eine Anleitung und Kopiervorlagen zum Verhaltenfeedback finden sich im Online-Zusatzmaterial 2 zu diesem Buch.

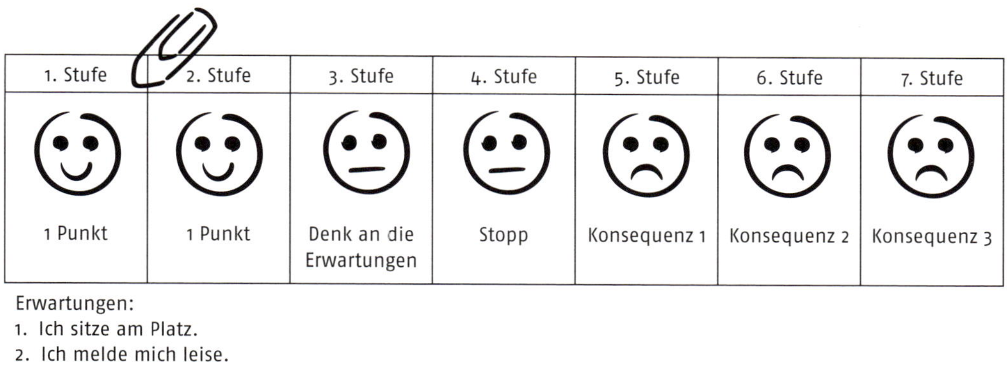

Abb. 5: Verhaltensfeedback

Folgende Elemente erreichen besonders seine Wirksamkeit:

1. Klarheit und Transparenz der Erwartungen,
2. Klarheit und Transparenz der Konsequenzen,
3. Kombination von Belohnung und Konsequenz,
4. prozessbegleitender Einsatz im Unterricht und
5. Erst-, Prozess- und Abschlussgespräch mit dem Schüler.

Wenn möglich besteht bei der Auswahl der Konsequenzen ein Mitspracherecht des Schülers. Die Transparenz des Instruments (Es wird auf dem Schülertisch platziert oder an die Tafel gehängt.) unterstützt die Wahl-

freiheit des Schülers. Er weiß präzise, was von ihm erwartet wird und kann sich grundsätzlich für oder gegen etwas entscheiden. Wahlfreiheit unterstützt bei Schülern mit Verhaltensauffälligkeiten das Erlernen der Verantwortungsübernahme.

Das Verhaltensfeedback sollte zunächst nur auf einzelne Lehrkräfte oder Schulstunden bezogen werden. Wichtig ist bei diesem Instrument eine sinnvolle und praktikable Abstufung der Konsequenzen. Übernimmt der Schüler für eine unangenehmere Konsequenz (z. B. eine Konsequenz 2) die Verantwortung, dann sollte er auf dem Plan wieder an den Beginn gesetzt werden oder der Plan wird für diesen Schultag beendet. Praxisbeispiele für Konsequenzen sind:

- Konsequenz 1: Platzwechsel, Auszeit für fünf Minuten (mit Sanduhr), Arbeiten für den Rest der Unterrichtstunde im Nebenraum (Dies ist ein Raum, der vom Klassenraum aus durch eine Scheibe einsehbar ist.), kein Arbeiten im Flur (Das Lernen im Flur erleben die Schüler laut der Klassenlehrkraft als eine willkommene Abwechslung, z. B. bei Partnerarbeiten.),
- Konsequenz 2: zehn Minuten Pausenverbot, eine Schulstunde auf dem Flur vor der Klasse arbeiten (bei geöffneter Klassentür), Pausenverbot,
- Konsequenz 3: eine Stunde in Klasse 4, eine Stunde in Klasse 10, eine Stunde Arbeiten bei der Schulleitung, ein Mal kein Sportunterricht, Gespräch mit der Schulleitung, Pausenverbot, montags eine Stunde Nachsitzen, drei Mal auf Konsequenz 3 = Klassenkonferenz.

Eine „logische" Konsequenz ist die Antwort auf eine Entscheidung des Schülers. Ihr ging die Wahl des Schülers voraus, deren Folge er kennt.

Logische Konsequenzen sind auch hilfreich dafür, dass Schüler mit Verhaltensauffälligkeiten die Beziehung zu Lehrkräften realistisch codieren lernen.

Skalen: Sie eignen sich für Förderprozesse mit Schülern. Mit ihnen lassen sich die Lern- und Entwicklungsprozesse von Schülern zu bestimmten Fragestellungen begleiten, z. B.:

- Wie schätzt du deine mündliche Mitarbeit in Deutsch ein?
- Wie ist deine Arbeitsordnung?
- Wie fühlst du dich in deiner Klasse?
- Wie berücksichtigst du Lehrerhinweise?

Eine Einschätzung von Lehrkräften kann neben die des Schülers gesetzt werden. Dadurch erhält der Schüler ein Feedback und es kann die Veränderungsmotivation stärken (Abb. 6).

Eine Anleitung und Kopiervorlagen zu den Skalen finden sich im Online-Zusatzmaterial 3 zu diesem Buch.

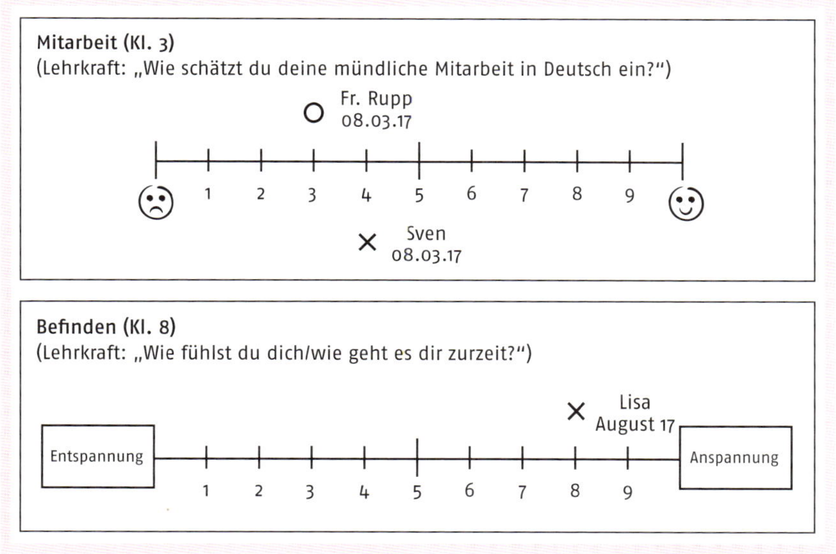

Abb. 6: Skalen

„Da der Energiehaushalt häufig ein Thema bei Schülern mit ASS [Autismus-Spektrum-Störung; Anm. d. Verf.] ist und manchmal zusätzliche Pausen notwendig sind, haben manche Schüler Energieskalen auf ihren Tischen liegen. Anhand derer können sie Rückmeldungen über ihre aktuelle Konzentrationsfähigkeit geben. Solch eine Skala könnte reichen von ‚Ich bin topfit' bis zu ‚Ich brauche gaaanz dringend eine Pause'" (Tuckermann et al. 2012, 59).

Bei Instrumenten, die für die gesamte Klasse gelten, aber mit individuellen Konsequenzen verbunden sind, gilt die Maxime: Weniger Erwartungen sind mehr! Die Hochstufung z. B. auf der „Verhaltensampel" (grün – gelb – rot) erfolgt dann z. B. nur bei der Missachtung der Erwartung „Ich berücksichtige angemessen die Lehreransprachen". Ergänzt werden kann diese noch mit einer aktuellen „Top-Regel".

Die Alternative zur Ampel sind drei bis zu fünf Treppenstufen, die sich in älteren Jahrgängen anbietet (Übung am Ende von Kap. 2.6). Vier Stufen können z. B. symbolisieren:

- Stufe 1: „Ich sehe, du bist lernbereit.",
- Stufe 2: „Denke an die Erwartung!",
- Stufe 3: „Entscheide dich jetzt!" und
- Stufe 4: „Es folgt eine Konsequenz."

Wie die Übung am Ende von Kapitel 2.6 zeigt, lassen sich die Konsequenzen abstufen. Die Unannehmlichkeiten der Konsequenzen steigen dann für den Schüler mit der Häufigkeit an, die er auf die vierte Stufe kommt. Verbinden lassen sich diese Instrumente mit einer Klassenbelohnung, z. B. kann jeder Schüler, der auf der ersten Stufe geblieben ist, dafür einen Punkt einbringen.

Fazit

Die Wirksamkeit der Instrumente ergibt sich nicht schon durch ihre Originalität, sondern erst durch ihre beziehungsorientierte Einbindung in die Prozesse. Die sogenannten „Smileypläne" sind – wie bereits erwähnt – deshalb oft unwirksam, da sie oft unter der Voraussetzung genutzt werden, für sich allein genommen schon förderlich zu sein. Spätestens dann entmutigen diese Pläne allerdings, wenn die Schüler der sie potenziell bewertenden Lehrkraft hinterherlaufen müssen oder sogar noch dafür kritisiert werden, wenn sie dies vergessen haben. Die Enttäuschung der Schüler über das fehlende Interesse der Lehrkraft ist dann verständlich. So wird auch bei Smileyplänen deutlich, dass Instrumente ihre volle Wirksamkeit erst über das Interesse und Engagement einer Lehrkraft erhalten. Liegt dieses bei dem Einsatz von Smileyplänen vor und werden sie möglichst mit sozialen Belohnungen verbunden, können sie durchaus eine zielführende Methodik darstellen. Smileypläne sind bei Schülern ab dem Jugendalter unangemessen und eher peinlich, da dann diese Pläne als nicht mehr dem Alter entsprechend erlebt werden.

Stufeninstrumente

Bitte betrachten Sie das Instrument, das wie die „Verhaltensampel" angewendet wird. Welche Vor- und Nachteile sehen Sie bei diesem oder ähnlichen Instrumenten hinsichtlich Ihrer derzeitigen Unterrichtsverläufe?

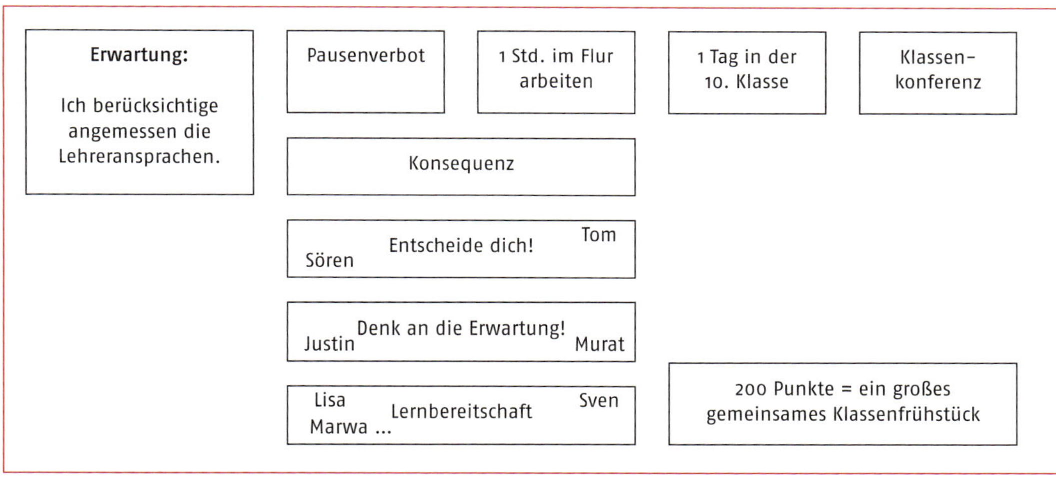

3 | Professionelle Interaktionsgestaltung

Zur erfolgreichen Umsetzung des Erziehungsauftrages ist neben den strukturellen Rahmenbedingungen die Interaktionsqualität der Schule von zentraler Bedeutung. Die Lehrkraft hat die Verantwortung, jeden Schultag mit einer möglichst hohen Professionalität zu handeln. Sie hat die gegebene Lernsituation im Unterricht wirkungsvoll zu gestalten. Grundlegend dafür ist eine Haltung, die wechselseitigen Reaktionen (Transaktionen) als gelebte Basis von Beziehungen zu verstehen und ernst zu nehmen.

Von Lehrkräften wird „Beziehungsarbeit" im Umgang mit Verhaltensauffälligkeiten als besonders fordernd und oft auch als belastend wahrgenommen. Jedoch benötigen besonders Schüler, die ihre Verhaltensmuster zunächst beibehalten (müssen!), für Veränderungsprozesse zentral einen hilfreichen Beziehungsprozess mit einer Lehrkraft. Diese Beziehungsgestaltung durch die Lehrkraft mithilfe von pädagogischen Handlungsstrategien ist Kapitelinhalt.

3.1 Sachlichkeit

Die Grundlage der Lehrer-Schüler-Beziehung ist der Auftrag, mit Schülern einen Lernprozess in Bezug auf Inhalte zu gestalten. Für den Einstieg in die Vermittlung von Sachinhalten zur Unterstützung der emotional-sozialen Entwicklung muss die Lehrkraft bei Schülern die Aufnahmebereitschaft und -fähigkeit für diesen Lernprozess erreichen und stärken können. Dies ist bei Schülern mit Verhaltensauffälligkeiten besonders wichtig und herausfordernd, weil ihre Konzentration/Energie häufig durch innere, außerschulische Belastungen gebunden ist. Für die erfolgreiche Lösung dieser Aufgabe und Herausforderung ist ein sachlicher Lehrerstil notwendig.

Haltung

Aus den frühen Lebenserfahrungen und Beziehungszusammenhängen setzen sich für Kinder die Startbedingungen für das Lernen in der Schule zusammen. Aus ihnen resultieren für Schüler mit Verhaltensauffälligkeiten meist von Schulbeginn an Schwierigkeiten darin, ausdauernd konzentriert denken zu können, unangenehme Emotionen zu steuern, mit Mitschülern angemessen zu interagieren und Rollen erkennen zu können.

Für das genauere Verständnis der Ursachen dafür, dass für Schüler mit Verhaltensauffälligkeiten die Startbedingungen erschwert sind, nutze ich Informationen aus der Entwicklungspsychologie der Transaktionsanalyse, die sich auf dem Hintergrund von neurologischen Erkenntnissen auf die Persönlichkeitsentwicklung des jungen Menschen beziehen.

Die Lebens- und Beziehungserfahrungen des jungen Kindes (0–6 Jahre) werden als frühe Prägungen definiert. Charakteristisch für diese Lebensphase ist, dass die elterlichen Botschaften und Einstellungen unreflektiert aufgenommen und unkontrolliert verinnerlicht werden. Wie das folgende Beispiel zeigt, können Schüler durch ihr Verhalten die defensiven Botschaften und Ängste der Eltern zum Ausdruck bringen.

Die Zweitklässlerin Laura vermeidet möglichst jeden näheren Kontakt mit Mitschülern während des Unterrichts und insbesondere in Pausen. Nach einiger Zeit hat die Lehrkraft den Eindruck, dass Laura nun genügend Vertrauen zu ihr hat, um sie darauf anzusprechen: „Laura, mir fällt auf, dass du in der Pause selten mit anderen spielst. Und ich frage mich, woran das liegt. Magst du was dazu sagen?" Laura: „Ich bin lieber für mich allein! Mit anderen gibt es einfach immer Ärger und Stress!" Lehrkraft: „Ich verstehe! Danke, dass du mir das gesagt hast." Bei einem Elterngespräch mit Lauras Eltern wirkt die Mutter unnahbar und verschlossen auf die Lehrkraft.

Es kann also vermutet werden, dass Laura ein ängstliches Denk- und Verhaltensmuster von ihrer Mutter übernommen hat. Dass Laura so viel Vertrauen zur Lehrkraft gewonnen hat, dass sie über ihr Verhalten spricht, kann der Beginn einer Korrektur ihrer Elternbotschaft in Richtung eines nun angemessenen Verhaltens in der Klassengemeinschaft sein.

Struktureller Bestandteil der frühen Erfahrungen sind ebenfalls die damals erfolgreichen Strategien, die das Kind zur Lösung von Problemen in der Familie eher intuitiv angewendet hatte, z. B. um ein kleinkindliches Bedürfnis („Ich will!") stillen zu können. Das Kleinkind wird in dieser Phase also noch primär von seinen Bedürfnissen und Impulsen gesteuert.

Die Inhalte dieser Strukturen werden in der Transaktionsanalyse als abgeschlossene Strukturen der Persönlichkeit des Kindes beschrieben und dort im Ich-Zustand des „Kind-Ich" (K) zusammengefasst (Stewart/Joines 2006, Schofield 1996, Schlegel 1984).

Verhalten sich Schüler sehr unruhig oder agiern sie stark impulsiv und bedürfnisorientiert, dann spricht die Transaktionsanalyse davon, dass ihr „Kind-Ich" (K) gerade mit viel Energie besetzt/in der Steuerung ist. Die Inhalte des K sind jedoch keinesfalls grundsätzlich negativ, sie beinhalten auch Kreativität, Spontaneität und Freude, d. h. die lebhaft-schönen-kindlichen Seiten.

Das folgende Modell, das in vereinfachter Form dem Ich-Zustandsmodell der Transaktionsanalyse folgt, soll einen Überblick geben über die Möglichkeiten und Grenzen der Inhaltsvermittlung im Bereich des emotional-sozialen Lernens, die sich an den inneren Entwicklungsmöglichkeiten des Heranwachsenden orientieren muss (Abb. 7). Mithilfe dieses Modells kann zusätzlich analysiert werden, welcher innere Zustand bei einem Schüler vermutlich aktuell primär die Führung hat. Ist z. B. bei einem Schüler jetzt gerade sein frühkindlicher/eher irrationaler Persönlicheitsanteil (K) führend oder sein rationales/eher kontextbewusstes Denken (Er)? Zeigt ein Schüler gerade im Unterricht wenig angemessene Muster des Kindes (K), kann die Lehrkraft ihn so ansprechen, dass sie möglichst die Aufnahmebereitschaft und – fähigkeit seines auf den Kontext des Unterrichts bezogenen Persönlichkeitsanteils erreicht (Er). Das Verstehen des zunächst im Augenblick unangemessenen Verhaltens mithilfe des Denkmodells hilft der Lehrkraft, dieses Verhalten nicht nur als Störung einzuordnen, sondern es zunächst anzunehmen. Genau dieses Verstehen und Annehmen kann dann die Voraussetzung dafür sein, dass das Kind für den Wechsel von den früheren Botschaften zu heute angemessenem Verhalten bereit ist.

Bitte lesen Sie das folgende Modell von unten nach oben:

Neue Potenziale: Einstellungen, Denkmodelle, Werte usw. (El)

Neue Potenziale: Handlungsstrategien im Kontext Schule (Er)

Abgeschlossene Struktur: kindliche Persönlichkeitsinhalte (K)

Ab dem Schulalter beginnt die Sammlung von Einstellungen, Botschaften, Werten, Zielen jetzt auch von anderen Autoritäten als Eltern. Gebote, Verbote, Einstellungen, Werte, usw. der Erwachsenen werden mit fortschreitendem Alter hinterfragt, überprüft und eigens integriert (El).

Die späten Hirnstrukturen (Er) unterstützen Kinder ab dem Schulalter im Erwerb der Kulturtechniken, im Erwerb von Fähigkeiten im Umgang mit anderen und in der Steuerung der eigenen Empfindungen, Gefühle und Gedanken. Befindet sich ein Schüler im Zustand des Er (Aufnahmebereitschaft und -fähigkeit), beziehen sich sein Denken, Fühlen und Verhalten stärker auf die gegenwärtige Situation.

Folgende, in früher Kindheit erworbene Strukturen gelten als abgeschlossene Strukturen (K). Sie bleiben Bestandteil der Persönlichkeit eines Erwachsenen:

1: Botschaften der Eltern: Einstellungen, Werte, Glaubenssätze, Antreiber, usw.,
2: intuitive Strategien: als Lösungsversuche der inneren und äußeren Konflikte,
3: Impulse, Bedürfnisse („Ich will!"), Grundgefühle (Angst, Trauer, Ärger, Freude), der emotionale Erfahrungsspeicher der persönlichen Biografie seit frühster Zeit.

Abb. 7: Entwicklungsmodell

Bei Schülern mit Verhaltensauffälligkeiten liegen die frühkindlichen Persönlichkeitsstrukturen oftmals sehr ungeschützt nahe an der Oberfläche und übernehmen deshalb schnell die Steuerung ihres aktuellen Verhaltens. Die Strukturen können Botschaften der Eltern enthalten, durch die im Extremfall das Kleinkind von seiner eigenen Wertlosigkeit überzeugt wurde (K). Oder sie enthalten inzwischen nicht mehr hilfreiche Problemlösungsstrategien, während z. B. Schlagen, Brüllen oder Trotzverhalten früher erfolgreich waren (K). Auch kann beim Schüler weiter die Befriedigung von seelischen Grundbedürfnissen eines Kleinkindes im Vordergrund stehen. Gefühle und Gedanken werden möglicherweise noch unreguliert ausgedrückt (K), statt altersangemessen und situationsbezogen gesteuert. Folgendes Fallbeispiel zeigt einen Schüler, der verstärkt mit irrationalen Mitteln (K) Probleme „löst":

Kurz vor Pausenende schubst Kevin aus Klasse 1 einen Mitschüler und deutet einen Schlag an. (K) Dann brüllt er: „Das waren nicht gerechte Mannschaften!" (K) Kevin bleibt allein auf dem Pausenhof zurück. Die Klassenlehrkraft sieht nach Kevin und findet ihn hinter einem Gebüsch stehen. Lehrkraft: „Hey Kevin, wovor versteckst du dich gerade?" Kevin schmeißt Holzstücke in ihre Richtung. (K) Lehrkraft: „Kevin! Ich zähle jetzt bis zehn, dann rufe ich deine Mutter an." Kevin brüllt: „Alle sind hier gegen mich. Immer gewinnen die anderen. Ich hasse die Welt!" (K) Lehrkraft: „Ich kann verstehen, dass du wütend bist, aber jetzt beginnt die nächste Stunde und ich kann dich nicht alleine draußen stehen lassen." Kevin reagiert nicht. Lehrkraft: „Kevin, ich zähle jetzt bis zehn, komm raus und wir können es besprechen. Wenn du nicht rauskommst, müssen wir dich abholen lassen. 1, 2, (…) 7". Kevin kommt erschöpft hervor. Lehrkraft: „Toll, dass du kommst, Kevin!"

Vermutlich war für Kevin schon als kleines Kind das Brüllen die einzige, von einem Familienmitglied vorgelebte Möglichkeit, sich gegen Ungerechtigkeiten zu wehren. Er wehrt sich inzwischen immer noch, aber spätestens in der Schule jetzt mit einem keinesfalls erfolgreichen Verhaltensmuster. Um endlich Erfolg in seinem Kämpfen zu haben, braucht er die Unterstützung der Lehrkraft für das Erlernen zielführender Handlungsstrategien in der Schule.

Aus Lehrersicht zeigt ein Schüler mit Verhaltensauffälligkeiten ein gemäß seines Alters und seiner Rolle unangemessenes Verhalten. Aus Schülersicht ist dieses Verhalten zunächst normal. So lange er keine Alternative kennt, kann er dies nicht infrage stellen und keine Entscheidung für ein anderes Verhalten treffen. Vielmehr braucht er noch seine alten, bekannten Muster, um seine innere Sicherheit und (scheinbare) Handlungssicherheit aufrechtzuerhalten.

Mit ca. sechs Jahren beginnt eine neue Phase intellektueller Reife. Die Reifung des Stirnlappens fördert logisches Denken, Konzentrations- und Urteilsfähigkeit (Textor 2006; Woollams/Brown 1978). Das Kind wird jetzt in die Lage versetzt, die Bedürfnisbefriedigung hinauszuschieben, die Gefühle zu steuern und sich „vernünftiger" zu verhalten.

Nun beginnen Auftrag und Weg der Erziehung in der Schule: Aufgabe ist, bei den Schülern die reifer werdenden rationalen Strukturen mit neuen Inhalten anzuregen und Schülern zu vermitteln, sich nun verantwortungsvoll steuern zu können. In der Sprache der Transaktionsanalyse bedeutet dies die Stärkung des Er und El, was also meint, die dem aktuellen Kontext angemessene Rationalität (Bewusstheit) zu fördern.

Beziehungspädagogik bedeutet nach diesem Verständnis, Schülern mit Verhaltensauffälligkeiten neue Denk- und Verhaltensmöglichkeiten anzubieten zur Unterstützung neuer Entwicklungsnotwendigkeiten und -möglichkeiten. Dazu gehört auch das Angebot von Einstellungen und Werten, die der Jugendliche später auch als neue Richtlinien in das eigene Selbst und prägend für sein Erwachsenenleben integrieren kann (El).

Damit Schüler mit Verhaltensauffälligkeiten lernen können, sich „vernünftiger" zu verhalten, muss dafür zunächst einmal ihre Vernunft/Rationalität (Er) erreicht werden können. Dies ist eine stets neue Herausforderung an jede Lehrkraft!

Sachliche Zielsetzung der Unterstützung für den Bereich der Emotionalität und Soziabilität von Schülern ist, die individuellen Sozialisationserfahrungen der Schüler in aufnehmender Weise sachbezogen erfolgreich zu erweitern.

Praxis

Sachbezogene Interaktionen und eine Haltung, die diese unterstützen, sind seitens der Lehrkraft angemessen empathisch gestaltet und für den Schüler berechenbar. Angemessen bedeutet, dass die Lehrkraft die Beziehung zum Schüler mit ihren Gefühlen oder spontanen Stimmungen nicht grenzüberschreitend stört oder überlastet. Die Beziehung ankert stets in der Sache.

Die Sachbezogenheit der Interaktionen wird durch professionellen Realismus und Nüchternheit unterstützt! Moralisieren, verurteilen, ironisieren, manipulieren und beschämen der Schüler vertragen sich nicht mit Sachlichkeit.

Es wird nicht behauptet, dass Lernen einfach sei und auch nicht, dass Schule dazu da sei, um glücklich zu machen. Dies kann passieren, muss aber nicht.

Ersetzt werden Bewertungen durch Beschreibungen. Zur Sachlichkeit gehören Erklärungen mit einer ruhigen Stimme, aktives Zuhören, einfühlsames Verstehen und Offenheit für Fragen des Schülers. Die aktuellen inneren Spannungen des Gegenübers können also einbezogen werden.

Als Voraussetzung für seine gesunde Entwicklung soll sachliches Lehrerhandeln den Schüler anregen, sein Fühlen, Denken und Verhalten besser wahr und ernst zu nehmen und dafür dann auch Verantwortung zu übernehmen.

Wie die folgende Fortsetzung des Kevin-Beispiels zeigt, werden mit dem Ziel, eine neue Sachbezogenheit herzustellen, bevorzugt Schulbegriffe benutzt (z. B. „Schule", „Lernen", „Aufgaben"). Es wird deshalb möglichst nicht von „Kindern", sondern von „Schülern" gesprochen.

Kevin wird von der Lehrkraft in den „Gesprächsraum" eingeladen. Ihm wird ein Platz angeboten. Lehrkraft: „Wie geht es dir heute, Kevin?" Kevin: „Gut." Lehrkraft: „Kevin, ich möchte mit dir darüber sprechen, was du als Schüler schon gut machst und woran du nun noch arbeiten kannst. Du bist jetzt wie alt?" Kevin: „Sechs." Lehrkraft: „Sechs, also schon größer. Das sehe ich auch schon, z. B. in Mathe. Du erledigst dort deine Aufgaben und kannst schon gut die Plusaufgaben. Siehst du das auch so?" Kevin (strahlt): „Ja." „Okay, dann lass uns nun über die Schulpause nachdenken und überlegen, wie du dort mit Ärger umgehen kannst. (Pause) Dein Ärger ist okay, jeder ärgert sich manchmal. Du kannst aber jetzt üben, deinen Ärger zu steuern. (Pause) Was könntest du vielleicht verändern?" Kevin: „Zum Lehrer gehen." Lehrkraft: „Gut, lass uns das schon mal notieren. Was noch?"

Schüler mit Verhaltensauffälligkeiten profitieren von einer Lehrkraft, die auf deren irrationale Verhaltensmuster sachlich-gelassen eingehen kann.

Fabian (6. Klasse) darf die Arbeitshefte verteilen. Er legt diese zunächst noch auf die Tische, dann aber schmeißt er sie Mitschülern aus der Ferne zu. Lehrkraft: „Fabian, komm' mal." Fabian geht zum Lehrerpult. Lehrkraft: „Was meinst du, habe ich gerade beobachtet?" Fabian: „Dass ich die Hefte geschmissen habe." Lehrkraft: „Das stimmt. Und was ist deine Aufgabe?" Fabian: „Sie hinlegen."

Eine sachliche Intervention kann auch sein, eine vermutete aktuelle innere Situation des Schülers anzusprechen. Dies eröffnet dem Schüler zunächst die Möglichkeit, seine Gefühle und Gedanken klarer wahrzunehmen und sie dadurch eventuell steuern zu können.

Lukas beginnt, statt seinen Text zu schreiben, Kreise auf dem Blatt zu ziehen und dabei mit der Zunge zu schnalzen. Die Lehrkraft geht zu Lukas und sagt: „Das Schreiben ist gerade zu anstrengend für dich, oder?" Lukas schnalzt erneut. Lehrkraft: „Lukas, deine Geräusche stören die Konzentration deiner Mitschüler und auch meine. Wenn deine innere Unruhe für das Arbeiten zu stark ist, kannst du z. B. zehn Minuten zeichnen, jedoch leise."

Die vermuteten aktuellen inneren Belastungen von Schülern in den Dialog kurz aufzunehmen, lohnt sich trotz des zunächst zeitlichen Mehraufwands. Oft entspannt eine sachlich-mitfühlende Lehreransprache die Atmosphäre. Dies spart letztlich Zeit, die sonst für die Klärung der sich sonst aufschaukelnden Dynamik aufgebracht werden müsste.

Fabian betritt den Klassenraum und wirft seinen Ranzen gegen die Wand.

- Unsachliche Ansprache: „Sonst geht's dir aber noch gut!?"
- Sachliche Ansprache der inneren Situation durch die Lehrkraft: „Komm' mal her. Du scheinst dich innerlich richtig geladen zu fühlen. (...) Magst du sagen, was dich heute Morgen so gestresst hat?"

- „Hast du eine Idee, wie du mit deiner Belastung hier umgehen kannst?"
- „Kann es dir vielleicht gut tun, wenn du dich jetzt für 15 Minuten zurückziehst/am Platz bleibst und für dich malst/für diese Stunde mein Lernhelfer bist?"

Fazit

Sachbezogene Lehrerinteraktionen unterstützen aufbauende soziale Entwicklungsprozesse von Schülern. Unsachliches, negativ-kritisches, überfürsorgliches, unbedacht-lockeres Lehrerverhalten hingegen aktiviert und verstärkt dadurch die Aufrechterhaltung von vorschulischen Verhaltensmustern.

Schlegel (1984) gibt in diesem Zusammenhang einen wichtigen Hinweis: Jeder innere Zustand verbindet sich – so Schlegel – mit bestimmten Gefühlen, Gedanken und Verhaltensweisen. Dies bedeutet, dass entsprechend dem inneren Zustand, der bei einem Schüler momentan im Vordergrund steht, sich sein Denken, Fühlen und Verhalten verändert. Deshalb ist die unterschiedliche Fähigkeit von Lehrkräften, ihre Schüler in einer bestimmten Weise aktivieren/erreichen zu können, die Ursache für das oft stark unterschiedliche Unterrichtsverhalten von Schülern.

Problematisch ist eine nicht optimale Ansprache von Schülern und Klassen. Werden Grundschüler durch Wortwahl oder Stimmtonus der Lehrkräfte statt als Kind in der mittleren Entwicklungsphase eher einem vorschulischen Alter entsprechend angesprochen, so verhalten sich Schüler in Reaktion darauf dann eher auch entsprechend.

So sind es häufig von der Lehrkraft selbst verursachte Probleme, wenn sich Schüler nicht altersgemäß verhalten. Der kumpelhafte Stil, den manche Lehrkräfte besonders der weiterführenden Schulen bevorzugen, bietet älteren Schülern kein Vorbild einer Erwachsenenhaltung an. Schüler sollten stets eher ein Stück über ihrem Lebensalter sachlich angesprochen werden, da dies die Weiterentwicklung anregen kann.

In diesem Kapitel wurden mit dem Entwicklungsmodell (Abb. 7) die drei Vierecke der Schülerrolle aus dem Korridormodell (Abb. 2) mit Inhalt gefüllt. Dem Leser soll damit eine hilfreiche Vorstellung angeboten werden für den Umgang mit Schülern, deren Verhalten – auch aufgrund ihrer frühen Lebens- und Beziehungserfahrungen – auffällig ist.

Sachliches Lehrerhandeln

1. Bitte füllen Sie den Fragebogen aus und ordnen Sie die Summe Ihrer Zahlenwerte dem Zahlenstrahl zu. Das Ergebnis soll nicht einen Lehrerstil beschreiben, sondern eine Anregung zum Nachdenken über Lehrerhaltung und -verhalten bieten. Beispielsweise könnten Sie sich bei einem Aspekt des Fragebogens eine Entwicklung zu mehr Sachbezogenheit vornehmen.
2. Beobachten Sie im Schulalltag nicht angemessene Schülerreaktionen und setzen Sie diese in Bezug zur Ihrem zuvor gezeigten Lehrerverhalten.

Sie ...	nie	selten	regelmäßig	häufig	immer
... wünschen sich, dass die Schüler Sie mögen und Ihnen dies auch zeigen.	4	3	2	1	0
... fühlen sich persönlich angegriffen, wenn Schüler Ihren Unterricht stören.	4	3	2	1	0
... lassen Schüler über Ihre Erwartungen und Konsequenzen im Dunkeln.	4	3	2	1	0
... reden im Unterricht viel, damit die Schüler Inhalte aufnehmen können.	4	3	2	1	0
... reagieren schnell mit Lautstärke.	4	3	2	1	0
... sagen Schülern genau, was sie tun sollen (in einer positiven Sprache).	0	1	2	3	4
... beschäftigen sich mit Schulereignissen nach der Schule lange weiter.	4	3	2	1	0
... reagieren auf unsympathische Schüler schneller gereizt als auf andere.	4	3	2	1	0
... vermitteln Schülern für konkrete Probleme konkrete Lösungsstrategien.	0	1	2	3	4
... finden, Regeln müssen nicht gelten, wenn sie keinen guten Tag haben.	4	3	2	1	0
... reagieren auf die „Gefühlsausbrüche“ von Schülern mit Gelassenheit.	0	1	2	3	4
... verhandeln mit Schülern über Ihre Arbeitsaufträge und Entscheidungen.	4	3	2	1	0
... sind in Ihren Entscheidungen im Unterricht klar und damit berechenbar.	0	1	2	3	4

unsachliches Lehrerverhaltensmuster — 10 — 20 — 30 — 40 — 50 — sachliches Lehrerverhaltensmuster

3.2 Fürsorge

Die erzieherische Verantwortung für die Entwicklung der der Schule anvertrauten jungen Menschen erfordert als einen wesentlichen Bestandteil eine Fürsorge, die ihre Würde und Grenzen achtet und eine selbstbestimmte Schülerentwicklung unterstützt. Als Elemente dieser Fürsorge werden Anerkennung, Wertschätzung (Kap. 3.2), Ermutigung (Kap. 3.3) und Bestärkung (Kap. 3.4) näher beschrieben.

Haltung

Anerkennung beruht auf der Achtung eines jeden Menschen und dessen Wesen. Jeder Mensch hat, unabhängig von seinem Verhalten, einen liebenswerten Kern und den Wunsch und die Möglichkeiten nach Wachstum und Selbstverwirklichung – er ist immer in Ordnung („okay“) (Woollams/Brown 1978).

Indem der Pädagoge die jungen Menschen anerkennt, ihnen Schutz und Geltung bietet, wird er für ihre Selbstverwirklichung bedeutsam (Rogers 1973).

Diese Form der Anerkennung als ethische Basis einer menschlichen Haltung entlastet ungünstige Startbedingungen von Schülern. Sie schafft eine Atmosphäre der Annahme statt Ablehnung und ist damit die Grundlage für positive Lern- und Entwicklungsprozesse einzelner Schüler und einer Klasse.

Staudinger (2011) hebt als Kernbedingung für das Wertschätzen der Schüler in ihren Prozessen die Selbstwertschätzung der Lehrkraft hervor. Die Selbstbeziehung der Lehrkraft beeinflusse, wie sich die Kommunikation zu den Schülern gestalte und ob damit die Beziehungsprozesse überhaupt erfolgreich gelingen können. Das Nachdenken über die momentane Verfassung der eigenen Selbstbeziehung können z. B. folgende Fragen unterstützen:

- Kann ich meine Gedanken und Vorstellungen schätzen?
- Kann ich meine Gefühle schätzen, auch unangenehme?
- Kann ich meine Stärken und Fortschritte schätzen?
- Kann ich schätzen, dass ich mich von anderen unterscheide, gerade auch mit meinen Schwächen?
- Kann ich meine Bemühungen auch dann noch schätzen, wenn das spätere Ergebnis nicht „perfekt“ geworden ist?
- Kann ich mich als Person anerkennen und mag ich mich?

Praxis

Durch ihre Anerkennung sendet die Lehrkraft dem Schüler die Botschaft: „Ich erkenne dich an, so wie du bist. In allem, was ich tue, achte ich auf die Wahrung deiner persönlichen Grenzen." Diese Zusage bleibt auch dann gültig, wenn sich ein Schüler extrem auffällig zeigt.

Anerkennung bedeutet nicht, auf die Lebensgeschichte oder aktuelle -situation des Schülers vertiefend einzugehen. Nach meinen Beobachtungen ist es wenig hilfreich, wenn Lehrkräfte ausufernd auf persönliche Erzählungen von Schülern eingehen. Hilfreicher ist es, dem Schüler aufmerksam zuzuhören, jedoch die Gedanken auf die Schulsituation zu lenken (1).

Rico (5. Klasse) erscheint schimpfend in der Klasse: „Eins sage ich gleich, ich habe heute keinen Bock auf die scheiß Schule!" Lehrkraft: „Hattest du heute schon Stress?" Rico: „Ja, und wegen meiner Mutter habe ich jetzt Hausarrest!" Lehrkraft: „Ich sehe, du bist wütend. Was bedeutet das heute für die Schule?" (1) Rico: „Ich hab` einfach keinen Bock!" Lehrkraft: „Okay. Wie kannst du mit der Wut jetzt hilfreich umgehen, damit du dann lernen kannst?" (1) Rico: „Ich könnte ja zuhause anrufen?" Lehrkraft: „Ist das denn hilfreich, von der Wut etwas Abstand zu bekommen?" Rico: „Ja, ich habe meine Mutter auch angebrüllt, das gebe ich zu!" Lehrkraft: „Okay, ausnahmsweise. Jedoch nur, um dich kurz für deinen Teil zu entschuldigen."

Mit Schokocreme verschmiertem Gesicht und schwarzen Fingernägeln erscheint Leon (2. Klasse) in der Schule. Lehrkraft: „Hallo Leon, schön, dass du da bist! Was, meinst du, fällt mir gerade auf?" Leon: „Die Schokocreme in meinem Gesicht?" Lehrkraft: „Genau!" Leon: „Ja, weil: Mama ist schon auf der Arbeit gewesen." Lehrkraft: „Leon, was meinst du, ist jetzt noch deine Aufgabe vor dem Unterricht?" (1) Leon: „Gesicht waschen?" Lehrkraft: „Und bitte die Hände auch noch gründlich mit Seife."

Für Dinkmeyer/Dreikurs (2004) bedeutet Wertschätzung nicht, dass der Pädagoge eine zu große Zuneigung zu seinem Schüler entwickelt oder ihm als Ausgleich für die Schwierigkeiten seines Lebens Vergünstigungen und besondere Aufmerksamkeiten erweisen sollte. Vielmehr meint Wertschätzung ein Lehrerhandeln, das für Klarheit sorgt, Ressourcen erkennt und diese konkret unterstützt.

Wertschätzung-Geben bezieht sich auf das Verhalten des Schülers, nicht auf seine Person. Die Lehrkraft honoriert die positiven Aspekte im Verhalten des Schülers. Dies besonders dann, wenn das Problemverhalten überwiegt.

Verhaltensauffälligkeiten gehen stets mit den Gefahren einher, dass der Schüler in eine Außenseiterrolle gerät. Für die Lehrkraft besteht daher die Herausforderung, eine wertschätzende Dynamik im Klassenverbund zu unterstützen.

Die Lehrkraft meldet zum Stundenabschluss Mohammed (7. Klasse) öffentlich zurück: „Mohammed, ich habe dich zuletzt häufiger dafür kritisiert, dass du den Unterricht gestört hast, statt dich mündlich zu beteiligen. Heute konntest du mit deinen Beiträgen diese Stunde bereichern. Hervorragende Beteiligung!"

Sören (4. Klasse), ein Schüler mit der Diagnose „Autismus-Spektrum-Störung", unterbricht den Unterricht regelmäßig durch laute „Selbstgespräche". Die Mitschüler sind davon genervt. Heute konnte Sören dennoch leise mitarbeiten. Die Lehrkraft gibt zum Stundenende der Klasse einen Feedbackimpuls: „Wie ist eure Einschätzung, wie sich Sören heute im Unterricht um eine leise Mitarbeit bemüht hat?" Alle Daumen zeigen aufwärts. Sören lächelt. Lehrkraft: „Du konntest heute leise lernen. Gut, Sören!"

Fazit

Hilfreiche Fürsorge grenzt sich von Überengagement oder anderen Formen eines unverhältnismäßigen Sorgens ab. Positive Fürsorge beschreibt stets die Hilfestellung zum Selbstständigwerden des Schülers. Es ist stets abzuwägen zwischen dem notwendigen Maß an Hilfe für den Schüler und dem Unterstützen seiner Selbstständigkeit in den Bereichen, in denen er jetzt Probleme realistisch selbst lösen kann.

Verhaltensauffälligkeiten von Schülern sind keine Störung/kein Defekt, sondern die Folge eines Beziehungsprozesses, und können in einer konstruktiven Beziehung auf der Basis positiver Fürsorge verändert werden.

Erhalten Kinder z. B. in der frühen Erziehung nicht ausreichend Gelegenheit, sich frei auszuprobieren und altersangemessen Verantwortung zu übernehmen, so kann durch diese Überfürsorglichkeit der Eltern die Entwicklung von Eigeninitiative blockiert sein. Pädagogisch begegnet werden kann dieser Überbehütung, die sich bei Schülern in fehlender Anstrengungsbereitschaft und unzureichender Selbsteinschätzung (z. B. Grandiosität) zeigen kann, mit der Ermutigung als Forderung (Kap. 3.3).

Auch „autistisches" Verhalten kann die Folge einer zu lange aufrechterhaltenen Symbiose zwischen Eltern und Kindern sein. Das Kind konnte dadurch nicht genügend die Grenzen zwischen innen und außen wahrnehmen, die eigenen Lebensbereiche beanspruchen und sich in der Umgebung selbstständig bewegen lernen (Klein/Krey 1998). Nach meiner Einschätzung auf Grundlage der Erfahrung in der Arbeit mit diesen Schülern und ihren Eltern hängen die sogenannten autistischen Verhaltensweisen von Schülern in erster Linie mit einer überfürsorglichen und ängstlichen frühen Erziehung zusammen. Diese Schüler benötigen daher in besonderem Maße Beziehungsangebote mit hoher Kontextklarheit und fordernde Ermutigungen zum realitätsbezogenen und verantwortungsvollen Handeln, jedoch kein Lehrerverhalten, das sie von der Erledigung ihrer Aufgaben entbindet.

Pädagogische Fürsorge

Reflektieren Sie bitte, was für Sie Fürsorge in der Schule bedeutet! Können Sie bei sich positive und negative (z. B. Überfürsorge) Fürsorgeaspekte erkennen? Falls ja, können Sie diese notieren.

Zentrale Fürsorgeaspekte sind für mich ...

____

____

____

Positive Aspekte meiner Fürsorgepraxis sind ...

____

____

Negative Aspekte meiner Fürsorgepraxis sind ...

____

____

____

3.3 Ermutigung

Jeder Schüler ist innerlich auch unsicher, weil er erst die Erfahrungen sammeln muss, um die an ihn gestellten Erwartungen bewältigen zu können. Bewältigt er die Aufgaben, wächst auch seine innere Sicherheit. Diese Unsicherheit ist bei Schülern mit Verhaltensauffälligkeiten aufgrund ihrer oftmals problematischen lebensgeschichtlichen Erfahrungen besonders ausgeprägt. Sie brauchen besonders viel Ermutigung, um mehr innere Sicherheit zu gewinnen.

Haltung

Schüler mit Verhaltensauffälligkeiten zeigen aufgrund ihrer Unsicherheit häufig eine hohe Empfindsamkeit und Verletzlichkeit. Manche Schüler reagieren auf äußere Anforderungen verstärkt mit Rückzugsverhalten oder Impulsivität. Die Ursachen für Entmutigungen liegen oft in der frühen Lebensgeschichte. Soziale Brüche wie Trennung der Eltern, psychische Krankheiten der Eltern oder Ablehnung durch einen Elternteil sind psychische Schocks, die das seelische Gleichgewicht eines jungen Menschen für lange Zeit destabilisieren können. Entmutigungen können Folgen einer starken seelischen Grenzverletzung sein. Das Kind wurde dann in seinem persönlichen Wesen durch einen Erwachsenen verletzt.

Es sind nicht nur Schüler entmutigt, die sich zurückziehen, sondern auch Schüler, die ihre Nöte nach außen ausagieren, die z. B. beleidigen, treten, schlagen. Sie wenden lediglich ein offensives Reaktionsmuster in Stresssituationen an. Sie fühlen sich dabei jedoch genauso unsicher und ängstlich.

Da Schüler mit diesen Problemlösungsversuchen in der Schule scheitern, kommen immer mehr Misserfolge hinzu. So können bei ihnen die Erinnerungsspuren an Stärken und Erfolge verblassen. Erfolgreiche Strategien liegen dann immer weniger bewusst vor oder können aufgrund der Verunsicherung nicht mehr realitätsgemäß genutzt werden.

Inmitten dieser ungelösten inneren Dynamiken fühlt sich der Schüler – bildlich gesprochen – wie in einem kleinen Boot, mitten auf stürmischer See. Er schaukelt hin und her, das Ruder ist fort. Er hat keine Stabilität und Sicherheit. Es fehlt ihm auch nach außen Orientierung. Was er dringend braucht, ist die Information, in welcher Richtung das Land ist (Schule). Nötig ist ein Ruder, um dort hingelangen zu können (Hilfsmittel). Und er braucht jemand, der erst mal navigiert und mitrudert (Beziehung).

Im Ermutigungsprozess eröffnet die Lehrkraft einem Schüler neue Stabilität, Perspektiven und Erfolgschancen. Er erhält möglichst klare Orientierung und Handlungsmöglichkeiten. Die Grundlage für diesen Prozess ist Vertrauen.

Voraussetzung dafür, dass Lehrkräfte solch einen Prozess vertrauensvoll gestalten können, ist Selbstvertrauen. Sie brauchen die Fähigkeit und Bereitschaft, eigene, vielleicht diffuse Persönlichkeitsanteile zu erkennen. Wenn eine Lehrkraft diese Gefühle und Gedanken wahr und ernst nimmt, sie akzeptiert und mit ihnen umgehen kann, dann kann sie die Beziehung zum Schüler stabiler gestalten. Zum Nachdenken darüber könnten z. B. folgenden Fragen einen Impuls geben:

- Kann ich meine diffusen Anteile erkennen und annehmen?
- Bin ich schon so sicher, dass ich mir erlauben kann, unsicher zu sein?
- Kann ich eigene Fehler annehmen und diese ansprechen?
- Registriere ich es, wenn ich mich irrational verhalte?
- Kann ich mir eingestehen, dass ich vielleicht auch manchmal mein Machtbedürfnis vor anderen ausagiere?
- Geht es mir manchmal mehr um mich als um die Schüler?
- Sehe ich eigene Stärken und kann ich ein Lob annehmen?

Diese Fragen ehrlich zu beantworten, erfordert Mut und professionelles Verantwortungsbewusstsein. Wir können mit irrationalen Mustern von Schülern gelassener und wohlwollender umgehen, wenn wir unsere eigenen irrationalen Anteile und Muster (an)erkennen!

Praxis

Ermutigend ist für diese Schüler der hilfreiche Beziehungsprozess mit einer Lehrkraft. Ermutigung als Beziehungsprozess kann in Form von Gesprächen mit einem aufbauenden Resonanzboden und ebenso unterrichtsbegleitend geschehen, z. B. indem die Lehrkraft im Unterricht ihren Fokus auf die Bestärkungsmittel legt.

Zeigen sich Schüler überfordert, können sie über die Reduktion von Anforderungen entlastet werden: „Ich sehe, dass dich das Lernen anstrengt. Probiere, die nächsten fünfzehn Minuten am Platz leise zu arbeiten. Melde dich, dann komme ich gern zu dir. Dann kannst du eine Pause einlegen." Die Lehrkraft mindert die Lernzeit, konkretisiert Erwartungen und sichert Unterstützung zu.

Das Prinzip der Reduktion sollte bei der Anwendung von Instrumenten beachtet werden. Dabei werden die Erwartungen/Lernaufgaben auf bestimmte Fächer, Lehrkräfte oder Situationen bezogen und so eingegrenzt.

Der Schüler kann bei kleinschrittigen Lernaufgaben besser auf die Inhalte fokussieren und kommt eher zu Erfolgen. Zudem verstärkt sich das Verantwortungsgefühl einzelner Lehrkräfte für die Unterstützung des Schülers.

Bei Fortschritten kann dann ein Fach, eine Lehrkraft oder eine Erwartung hinzugefügt werden, z. B. könnte die Lernaufgabe „Leise melden" zusätzlich mit „Ich ordne meine Materialien in der Tischecke" verbunden werden.

Ermutigend sind Angebote, die Erfahrungen in einer neuen sozialen Rolle ermöglichen. Veränderte Dynamiken können bei Schülern insbesondere Helferrollen anstoßen. Hierbei ist der Mut für paradoxe Interventionen gefragt: Schüler, die aggressives Verhalten zeigen, werden zu Schulpaten, Streitschlichtern und flexiblen Lernhelfern.

Ermutigungen mit einer fürsorgliche Haltung der Lehrkraft können stets auch eine Aufforderung zur Aktivität enthalten: „Ich weiß, es fällt dir grad' schwer. Ich unterstütze dich gerne, es ist aber deine Aufgabe, zu beginnen. Mach' den ersten Schritt, tu es!"

Fazit

Neben einem überfürsorglichen Verhalten von Eltern nimmt – nach meinen Erfahrungen – in der familiären Erziehung auch deutlich die Tendenz zu, schon bei jüngeren Kindern zu viel Leistung zu fordern. Wird dieser Druck zu hoch und gleichzeitig die Fürsorge zu wenig, so werden Kinder immer unruhiger oder ziehen sich nach innen zurück. Sie verlieren den Kontakt zu ihren authentischen Gefühlen, wenn die Erwachsenen sie zensieren: „Nein, das ist falsch!" oder „Nein, so doch nicht!" Sie verlieren mehr und mehr die innere Sicherheit und den Mut, eigene, neue Wege zu gehen.

Der zu hohe Leistungsdruck kann in der Schule dann Verweigerungsverhalten und Lernblockaden bewirken. Dies wird oft dann nur als Störung oder Defekt des Kindes verstanden, ohne die psychische Dynamik zu verstehen.

Wird in der Schule zu viel Leistungsdruck ausgeübt und zensiert oder herrscht ein zu negativ eingefärbter Lehrerblick auf das Schülerverhalten vor, so werden Frustration und Entmutigung der Schüler noch verstärkt.

Praxisbeispiele zur Ermutigung

Bitte lesen Sie sich die Praxisbeispiele durch. Welche Ermutigungsaspekte sind nach Ihrem Verständnis darin hilfreich, nicht hilfreich oder nicht vorhanden? Sie können dies stichpunktartig festhalten.

Sören (1. Kl.) wirft sich im Sitzkreis auf den Boden. Er stellt sich vor die sitzende Lehrkraft und schneidet eine Grimasse. Diese ignoriert ihn. Er läuft herum, macht Geräusche, findet eine Papiermaske. Er läuft mit der Maske vor dem Gesicht durch die Klasse und macht Geistergeräusche. Ein Mitschüler, dem die Maske offensichtlich gehört, läuft zu ihm: „Gib mir bitte meine Maske." Sören lacht laut und versteckt die Maske hinter seinem Rücken.

Ermutigungsprozess mittels Verhaltensfeedback (Kap. 2.6):

1. Konzipierung eines Verhaltensfeedbacks
Erwartungen:
Ich bleibe am Platz.
Lehrerangebote nehme ich unmittelbar an (leises Malen am Platz, Puzzeln im Nebenraum, Gang zur Sozialpädagogin).

2. Gespräch mit Sören über die Erwartungen des Verhaltensfeedbacks; Soziale Belohnung wird gemeinsam überlegt.
3. Begleitung des Verhaltens im Unterricht über das Instrument, zusätzlich über Bestärkung und Konfrontation,
4. Prozessgespräch, Abschlussgespräch, soziale Belohnung (freitags 10 Min. extra Pause für die Klasse)

Diese Ermutigungsaspekte sind für mich ...

hilfreich: ______________________________

nicht hilfreich: ______________________________

nicht vorhanden: ______________________________

Zu **Rudi** (8. Kl.) wurde rückgemeldet, dass er im Aulabereich einen Fünftklässler zur Seite geschubst und dann ausgelacht hat. Berichtet wird weiter, dass er von Schülern aus jüngeren Jahrgängen verlangt habe aufzustehen, da er „diesen Platz reserviert" habe. Rudi hatte vor Kurzem bereits eine Klassenkonferenz, u. a. hatte er einen Fachlehrer als „Dulli" bezeichnet und insgesamt den Fachunterricht durch Albernheiten gestört.

Ermutigungsprozess mittels Lernhelfer in Klasse 5 (paradoxe Maßnahme):

1. Konfliktgespräch mit Rudi und dem Fünftklässler (Kap. 2.3).
2. zwei Fünf-Minuten-Gespräche mit Rudi nach dem Unterricht („Wie geht es dir? Gibt es auch etwas, das gut läuft?")
3. Rudi erhält das Angebot, als Lernhelfer im Mathematikunterricht einer 5. Klasse eine Fachlehrkraft zu unterstützen.
4. Prozessgespräch („Wie war es als Lernhelfer, wie konntest du unterstützten?"; Abschlussgespräch (Bestärkung!)

Diese Ermutigungsaspekte sind für mich ...

hilfreich: ______________________________

nicht hilfreich: ______________________________

nicht vorhanden: ______________________________

3.4 Bestärkung

Bestärkung ist das verhaltensbezogene, begleitende und differenzierte Lob an Schüler.

Lehrkräfte, die beständig hervorheben, was die Schüler probieren, verbessern und erfolgreich bewältigen, regen bei ihnen ein positives Selbstkonzept an.

Haltung

Positive soziale Entwicklungen setzen ein positives Selbstkonzept (aufbauende Einstellungen und Überzeugungen die eigene Persönlichkeit und Handlungsfähigkeit betreffend) voraus. Die Veränderung des Verhaltens erfordert also eine innere Stabilität und Stärkung.

In der Realität erfahren Schüler mit Verhaltensauffälligkeiten deutlich mehr Kritik als Lob in der Schule, da sich die Lehrerwahrnehmung oftmals zu sehr auf das Problemverhalten der Schüler verschiebt und konzentriert. Diese einseitige Wahrnehmung professionell zu hinterfragen und eine Änderung des Blickwinkels von den Defiziten auf die Ressourcen, sind die Voraussetzung für den Richtungswechsel in der Entwicklung des Schülers.

Dieser Richtungswechsel zu einer Bestärkung der Schüler erfordert eine aktive Lehrerhaltung mit der grundsätzlichen Entscheidung, an die Entwicklungspotenziale von Schülern mit Verhaltensauffälligkeiten zu glauben.

Diese Stärkenorientierung kann durch die Bestärkung der Mühe, der positiven Fortschritte und schließlich der Erfolge und Fähigkeiten des Schülers konkret umgesetzt werden.

Praxis

Schon das Bemühen eines Schülers drückt seine innere Bereitschaft zum Lernen aus. Bestärkt eine Lehrkraft bereits diese Mühe, fühlt er sich gesehen und verstanden und für die nächsten Lernaufgaben ermutigt und unterstützt.

Insbesondere auch bei Schülern, die ihre eigenen Fähigkeiten oder sogar die eigene Person abwerten (z. B. „Ich kann das nicht." oder „Ich bin dumm."), ist die Bestärkung allein ihrer Mühe ein zentrales pädagogisches Mittel. Das Ziel der Bestärkung ist, durch einen nächsten Schritt des Schülers einen Unterschied zum vorherigen Denken und Verhalten zu erreichen. Und die Lehrkraft relativiert den Druck des Leistungsgedankens („Ich genüge nur dann, wenn ich ein richtiges Ergebnis habe!") und unterstützt diese Resonanz als Motor der Entwicklung: „Ich sehe, du gibst dir Mühe, zu lernen, und deine Mühe ist für mich das Entscheidende."

Lisa, eine Zweitklässlerin mit einer kombinierten Beeinträchtigung im Lernen und Verhalten, wird bereits differenziert unterrichtet, schafft es aber dennoch nur, sich für wenige Minuten zu konzentrieren. Sie holt dann Spielzeug aus ihrem Ranzen hervor, kritzelt ihre Hefte voll, spricht Mitschüler an (z. B. „Dich lade ich zu meinem Geburtstag ein.") oder sie schleicht sich aus der Klasse. Die Lehrkraft reduzierte am Anfang des zweiten Schuljahres die Lernzeit auf 15 Minuten. Visualisiert wurde Lisa dieses über eine Sanduhr. Lehrkraft: „Mir ist wichtig, dass du dich in den nächsten 15 Minuten bemühst, zu lernen." Am Stundenende holt die Lehrkraft, Lisa zu sich. Lehrkraft: „Ich habe gesehen, dass du dich die 15 Minuten bemüht hast, dich zu konzentrieren. Das freut mich, Lisa!"

Durch das Lob eines (Fort-)Schritts unterstützt die Lehrkraft das Bemühen um den nächsten Schritt. Sie eröffnet dem Schüler durch ihr Interesse und Engagement (Kap. 3.11; Prinzip der Stellvertretung) die Chance, Schritt für Schritt in seiner Entwicklung zu wachsen. Die Botschaft lautet: „Du bist jetzt auf einem guten Weg!"

Lisa dreht mittlerweile die „15-Minuten-Uhr" selbsttätig mehrfach in einer Stunde um. Sie zählt ihre Durchgänge und zeigt sich stolz über die Fortschritte („Frau Schrott, heute vier Mal!"). Die Lehrkraft nutzt dies für ein Feedback: „Lisa, du bist auf einem guten Weg, deine Lernzeit zu steigern und übernimmst sogar die Verantwortung dafür, den Fortschritt zu messen. Gut!"

Bei der Bestärkung von Erfolgen und Fähigkeiten wird der Lernfortschritt des Schülers innerhalb eines Zeitverlaufs betont. Der Bezugspunkt ist dabei der individuelle Ausgangspunkt. Nach Venetz et al. (2012) fördern Feedbacks zur individuellen Bezugsnorm das schulbezogene Selbstkonzept, während Feedbacks, die soziale Vergleiche enthalten (z. B. Notenvergleiche mit Mitschülern), destabilisierende Wirkungen für die Schüler haben können.

Es werden neue, erfolgreiche Verhaltensstrategien des Schülers hervorgehoben. Gegebenenfalls kann dann gemeinsam geforscht werden, wie er diese auch in anderen Situationen oder bei anderen Lehrkräften umsetzen kann.

Zum Ende des Schuljahres schafft es Lisa, sich schon in vielen Deutschstunden besser zu konzentrieren. Die Unterstützung durch die Sanduhr ist nicht mehr nötig. Dafür hat Lisa in Deutsch einen Lernhelfer bekommen, den sie im Unterricht ansprechen kann, indem sie auf dessen Tisch einen Punkt von grün auf rot umdreht. Von der Mathelehrkraft kam allerdings kürzlich die Information, dass Lisa dort noch unkonzentriert sei. Lehrerfeedback im Eltern-Schüler-Gespräch: „Du kannst dich in Deutsch jetzt deutlich besser konzentrieren. Und du übernimmst die Verantwortung, dir bei einer Aufgabe, die du nicht sofort verstehst, Hilfe zu holen. Siehst du das auch so?" Lisa: „Ja" (schaut stolz zur Mutter). Lehrkraft: „Mach' bei mir so weiter. Und in Mathe möchten wir gerne auch dein Bemühen sehen, okay?" Lisa: „Ja."

Die Bestärkung eines Erfolges lässt sich mit der Information ergänzen, wozu die Fähigkeit von Bedeutung ist, z. B. „Du teilst nun mit, dass du ärgerlich bist. So weiß der andere, wie es dir gerade geht. Dadurch kann der andere auf dich so eingehen, wie du es gerade brauchst."

Fazit

Dieses Modell der Bestärkung will das Bewusstsein von der Prozesshaftigkeit jeder Entwicklung in den Blickpunkt rücken. Der mühevolle Beginn des Lernprozesses ist der Start für viele weitere Lernschritte. Wirksamste Bestärkung für Schüler sind die authentischen Worte einer zugewandten Lehrkraft. Diese sollten sich weniger auf die Person und ihre Eigenschaften (z. B. Intelligenz) beziehen. Sie sollten daher nicht lauten: „Du bist klug!" Dies könnte den Schüler dazu verleiten, sich auf den Aufbau eines Bildes nach außen zu konzentrieren, klug zu sein, statt sich auf das Verhalten zu konzentrieren. Oder sie benutzen die Bestärkung, um andere abzuwerten: „Ja und? Wenigstens bin ich klug und nicht so dumm wie du!"

Bestärken schließt nicht aus, noch nicht erfolgreiches Schülerverhalten deutlich zu benennen. Lernen setzt das „Eingeständnis des Nicht-Könnens voraus, wobei diese Einsicht erst dann produktiv ist, wenn daraus die innere Gewissheit des Noch-nicht-Könnens erwächst" (Reiser 1990, 320). Die Einsicht in das Noch-nicht-Können bei dem Schüler als Voraussetzung für seinen Prozess in Richtung Können anzuregen, ist Teil einer pädagogischen Förderung.

Bestärkung

1. Bitte lesen Sie das Praxisbeispiel! Sie können hinsichtlich des skizzierten Prozesses von Jens stimmige Bestärkungen notieren.
2. Praktizieren Sie im Schulalltag die Formen der Bestärkung!

Jens (5. Kl.) brüllt seine Mitschüler an, sobald er sich von ihnen „provoziert" fühlt. Die Mitschüler beschweren sich bei der Lehrkraft darüber. Die Lehrkraft entscheidet sich dafür, die sich gerade aufschaukelnde Dynamik im Klassenverbund zu besprechen. In diesem Gespräch werden Handlungsmöglichkeiten für den Umgang mit Wut gesammelt.

Interaktionskette:

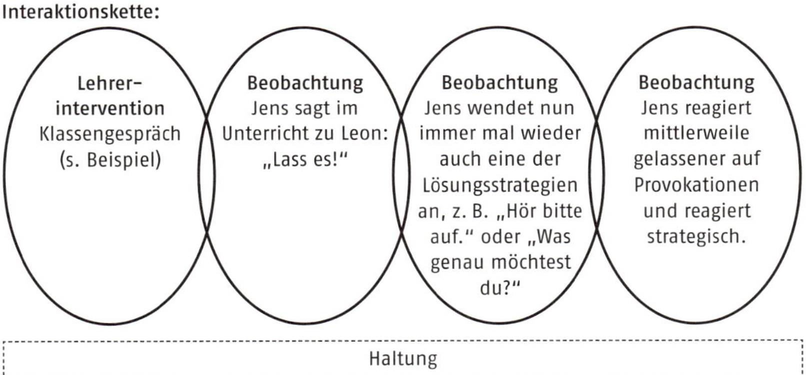

Bestärkung der Mühe

____

____

Bestärkung der Fortschritte

____

____

Bestärkung der Erfolge / Fähigkeiten

____

____

3.5 Impulse

Mithilfe von nonverbalen und verbalen Impulsen lässt sich eine Konzentration auf die Unterrichtssituation erreichen. Sie sind für die Lehrkraft im Unterrichtsprozess ein niedrigschwelliges, konfrontatives Mittel, um schwierigen Dynamiken bereits aktiv vorzubeugen.

Haltung

Wirksames Lernen in einer Gruppensituation benötigt eine durchdachte Unterrichtsstruktur und interaktives Geschick der Lehrkraft. Fehlt ihr die Motivation oder das Handwerkszeug dafür, manifestieren sich Störungen.

Für Dubs (2009) ist das Grundproblem in den sogenannten „Chaosklassen", dass dort ein Verhalten akzeptiert wird, auch wenn es den Regeln widerspricht.

„In nicht wenigen Fällen bringt aber diese Großzügigkeit dem Schülerverhalten gegenüber immer mehr anfänglich kleine, später größere Störungen im Unterrichtsverlauf und im Zusammenleben mit der Klasse" (Dubs 2009, 514).

Da sich bei Schülern mit Verhaltensauffälligkeiten aufgrund ihrer Instabilität eine Unterrichtsstörung schnell weiter aufschaukeln kann, ist ein aktives und frühzeitiges Eingehen der Lehrkraft auf das störende Verhalten dringend geboten. Positive Impulse sind ein effektives Korrekturmittel für erste kleine Störungen.

„Positive" Impulse sind kurze Aufforderungen. Sie benennen das Zielverhalten, z. B. „Zuhören!" oder „Melden!". Der Schüler weiß durch sie genau, was er zu tun hat. Die Lehrkraft hat ihm ihre Erwartung mitgeteilt.

Positive Impulse können im ersten Schritt mit einer stärkenden Resonanz versehen werden, z.B. einem Lächeln oder warmen Stimmtonus. Ein strenger Blick kann die nächste Stufe sein. Durch eine Ritualisierung bereits der niedrigschwelligen Konfrontationen lernen Schüler recht schnell, „wie viel" sie sich noch „erlauben" können.

Praxis

Für jede Unterrichtsstunde ist ein konzentrierter Beginn zwingend notwendig. Dieser wird durch stets gleiche, nonverbale Impulse der Lehrkraft unterstützt, z. B. das Drehen der Handflächen nach oben oder ein bestimmter Klatschrhythmus. Die Lehrkraft macht es vor und die Schüler steigen mit ein und schauen dadurch nach vorne.

Solche Impulse zur Konzentrierung der Unterrichtssituation können mit einem festen Ort im Raum verbunden werden, an den sich die Lehrkraft dann begibt. Dieser kann zusätzlich durch ein Kreuz auf dem Boden markiert und mit einem Regelset verknüpft werden, z. B.: „Solange ich noch an meinem Pult bin, könnt ihr euch normal unterhalten. Stehe ich aber auf dem Kreuz, so erwarte ich, dass ihr leise seid und nach vorne guckt. Dauert dies länger, notiere ich die Zeit. Diese arbeiten wir dann in die Pause hinein." Was sich streng anhören mag, kann durch ein entspanntes, nonverbales Lehrerverhalten und gegenseitiges Unterstützen der Schüler sogar zu einem spielerischen Ritual werden.

Verbale konfrontative Impulse lenken einen Schüler auf die aktuellen Erwartungen hin, z. B. „Zuhören!", „Melden!" oder „Leise arbeiten!". Dies geschieht unmittelbar, sobald er die Erwartungen nicht beachtet.

Solch kurze positive Aufforderungen können sich auch auf die Erledigung der Schüleraufgaben beziehen, z. B. „Stift rausholen, bitte!", „Aufgabenstellung lesen!" oder Schüler an ihr Lernziel erinnern, z. B. „Achte nicht auf deine Mitschüler, konzentriere dich auf deine Aufgaben!".

Nonverbale Impulse, z. B. legt sich die Lehrkraft den Zeigefinger auf den Mund, um sich Stille zu erbitten, werden zunächst mit einer freundlichen Mimik kombiniert. Ein strenger Blick kann die nächste Konfrontationsstufe sein.

Stören Schüler den Unterricht, weil sie innerlich aufgewühlt sind, so kann ein vorsichtiger, kurzer Körperkontakt durch die Lehrkraft eine positive Wirkung haben. Zugelassene Bereiche für ein leichtes und kurzes Antippen mit dem Finger sind jedoch nur Schulter und Arme.

Akustische Impulse können helfen, den Lärmpegel im Raum zu unterbrechen und die Klasse zu mehr Ruhe zu bewegen, sollten aber sparsam und zielführend eingesetzt werden. Da aber allein z. B. das Betätigen einer Glocke oft noch nicht bewirkt, dass die Klasse darauf reagiert, kann dies zusätzlich mit einem Regelset verknüpft werden.

Fazit

Hilfreiche Impulse bieten Schülern eine konkrete Handlungsanweisung, z. B. „Zuhören!“, während eine negative Lehrersprache (z. B. „Nicht reinreden!“ oder „Ihr seid zu laut!“) nicht klar vermittelt, was erwartet wird.

Wichtig zu wissen ist weiter, dass die Worte, Gesten, Mimik und der Tonfall der Lehrkraft vom Schüler in seinen Gedanken in Redewendungen bzw. Sätze verwandelt werden. Senden Lehrkräfte z. B. durchgängig Impulse wie „Lass das!“ oder „Pssscht!“ in einem scharfen Ton, setzen Schüler vielleicht für sich hinzu: „Lass das, du nervst mich/du störst/du kannst nichts/du bist schlecht!“

Sendet die Lehrkraft hingegen den Impuls „Zuhören!“, unterstützt durch ein Lächeln, so setzt der Schüler in seinen Gedanken eher hinzu: „Zuhören, ich möchte, dass du mitmachst/du sollst die Aufgaben verstehen/ich mag dich.“

Impulse im Unterricht

1. Notieren Sie Impulse, die Sie bereits im Unterricht nutzen, und anschließend solche, die Sie womöglich gezielter anwenden wollen.

Diese Impulse nutze ich ...

____

____

____

Diese Impulse ergänze ich ...

____

____

____

3.6 Verhaltenskonfrontation

Die Verhaltenskonfrontation bezieht sich auf das Schülerverhalten, nicht auf die Person. Formuliert wird, was ein Schüler tut, nicht, wie er ist. Konfrontation (lat. confrontatio) bedeutet Gegenüberstellung. Die Verhaltenskonfrontation unterbricht nicht zielführende Schülerverhaltensweisen und erinnert damit an die aktuellen Erwartungen und Aufgaben. Der Schüler kann nun sein Verhalten unterlassen, es verändern und sich wieder neu ausrichten.

Haltung

Mithilfe der Verhaltenskonfrontation unterbricht die Lehrkraft eher impulsives oder unkonzentriertes Verhalten (K) und fordert den Schüler zum Innehalten und zu einer Verhaltensveränderung auf (Abb. 8).

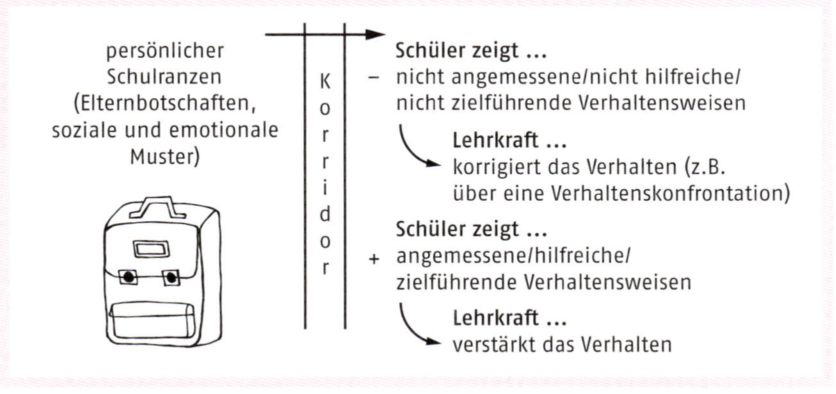

Abb. 8: Die Sachlichkeit der Verhaltenskonfrontation

Ob Konfrontationen tatsächlich einen fördernden oder doch eher einen hemmenden Einfluss auf das Schülerverhalten nehmen, beeinflussen immer auch die Begleitumstände wie Wortwahl, Mimik, Gestik und der Stimmtonus. Unterstützt eine wohlwollende Haltung eine Konfrontation, dann spüren Schüler das Interesse der Lehrkraft an ihrer Entwicklung und fühlen sich dadurch ernstgenommen. Es schwingt dann die Resonanz mit: „Ich will dich unterstützen, jedoch nicht angreifen." Schwingt auf der Beziehungsebene ein „Du bist als Person genau so okay wie ich!" mit, erreicht eine Korrektur den Schüler überhaupt erst und wird dann zumeist von ihm angenommen.

Praxis

Beispielsweise im Anschluss an Impulse kann durch die Verhaltenskonfrontation fokussierter konfrontiert werden: „Du rufst zum dritten Mal rein!" Ebenso auch dann, wenn sich ein Schüler zwar erstmalig, aber stark unangemessen verhält, z. B. seinem Mitschüler etwas aus der Hand reißt: „Du reißt ihm das Blatt aus der Hand!" Die Lehrkraft bleibt mit ihrem Wortlaut am sicht- und hörbaren Schülerverhalten.

Formulierungsunterschiede:

- Hilfreich: „Du kippelst." Nicht hilfreich: „Du bist hibbelig."
- Hilfreich: „Du benutzt kein Lineal." Nicht hilfreich: „Du schmierst!"
- Hilfreich: „Du sprichst mich mit ‚Alter' an." Nicht hilfreich: „Sei nicht frech!"

Nach der Verhaltenskonfrontation wird eine Sprechpause gemacht. Diese lässt dem Schüler Raum, sich mithilfe der Verhaltenskonfrontation wieder auf die Lernsituation zu beziehen und für eine problemlösende Verhaltensweise zu entscheiden.

Dies kann auch bedeuten, dass sich der Schüler für eine Alternative entscheidet, die ihm mehr Luft verschafft, z. B. aus einer Partnerarbeit in die Einzelarbeit zu wechseln oder sich für eine „Auszeit" zu entscheiden und sich dann durch einen Platz außerhalb der Klasse die Zeit zum Beruhigen, Sammeln und Nachdenken zu nehmen.

Danach kann er sich vielleicht wieder mit einer zugewandten Grundhaltung am Unterricht beteiligen, seine Arbeit fortsetzen und die Vorschläge und Interessen der Mitschüler berücksichtigen.

Die Intensität der Verhaltenskonfrontation kann über die Stimmmodulation (leise bis laut, weiche bis deutliche Stimmfarbe) oder über eine Ich-Botschaft der Lehrkraft verstärkt werden. Indem sich die Lehrkraft emotional äußert, verstärkt sie die Priorität zur Veränderung der Verhaltensweise. Die Verhaltenskonfrontation kann dann drei Komponenten haben:

1. eine Benennung des sicht- oder hörbaren Verhaltens,
2. eine Gefühlsäußerung der Lehrkraft und
3. eine Forderung/Erwartung zur Verhaltensveränderung.

Formulierungsvorschlag: Hilfreich: „Du schlägst ihn (1). Das ärgert mich, Jassin! (2) Wenn dich etwas ärgert, sag ihm das mit Worten. (3)"

Die meisten Schüler bemühen sich nach einer Verhaltenskonfrontation um die zeitweise Veränderung des Verhaltens. Damit sich Verhaltensveränderungen bei Schülern festigen, müssen Konfrontationen in einen Beziehungsprozess so eingebettet werden, dass sich Konfrontation und Fürsorge miteinander verbinden. Die Verhaltenskonfrontation „Du schlägst ihn!" wird zu einem Anlass, den Schüler zu einem späteren Zeitpunkt nun zu bestärken:

Jassin (7. Klasse): „Frau List. Rico macht immer noch die ganze Zeit seine Sprüche." Lehrkraft: „Und weißt du, was mich freut, Jassin? Du gehst damit friedlich um, indem du nicht auf das Verhalten eingehst und mich jetzt ansprichst."

Fazit

Schüler und Eltern nehmen die Worte einer Lehrkraft oft sehr ernst. Deshalb haben Lehrkräfte eine hohe Verantwortung dafür, sich sachlich angemessen und unterstützend auszudrücken. Auf eine unsachliche Lehrersprache können Schüler und Eltern mit sich abwertenden Gedanken und belastenden Emotionen reagieren. Daraus kann eine sich aufschaukelnde Dynamik hervorgehen.

Über die Sachlichkeit der Verhaltenskonfrontation lässt sich z. B. vorbeugen, Verhaltensweisen von Schülern zu generalisieren, z. B. „Immer störst du den Unterricht!", sie durch Aussagen zu etikettieren, z. B. „Du bist aggressiv!" oder ihnen gegenüber unbedacht zu sprechen, z. B. „Bist du gerade der Klassenclown?". Ebenso kann es die Neigung versachlichen, Schülern die eigene persönliche Befindlichkeit aufzuzwingen, z. B. „Ich bin tief enttäuscht von dir!" oder „Du raubst mir den letzten Nerv!". Insbesondere in Stresssituationen beugt die Verhaltenskonfrontation den Gefahren einer Lehrersprache vor, die die persönlichen Grenzen eines Schülers überschreitet („Du bist als Person nicht okay!"), die dann die Dynamik stark verschärfen kann.

Verhaltenskonfrontation

1. Bitte notieren Sie in den Praxisbeispielen einen Konfrontationswortlaut!
2. Wie würden Sie in Beispiel 3 auf den Schüler reagieren? Sie können dies notieren.
3. Wenden Sie in der Schulpraxis immer wieder gezielt Verhaltenskonfrontationen an!

Beispiel 1

Interaktionskette:

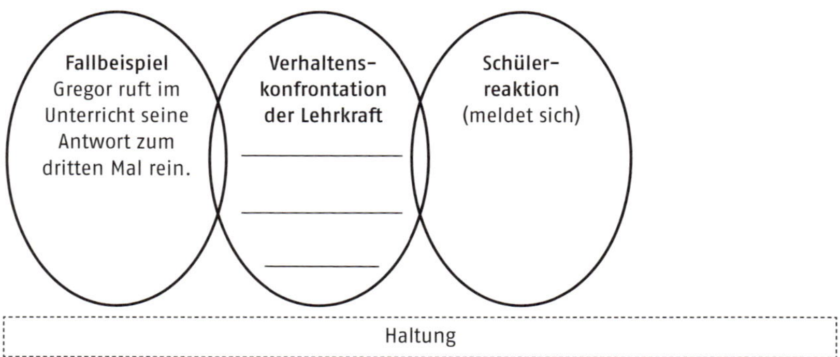

Beispiel 2

Interaktionskette:

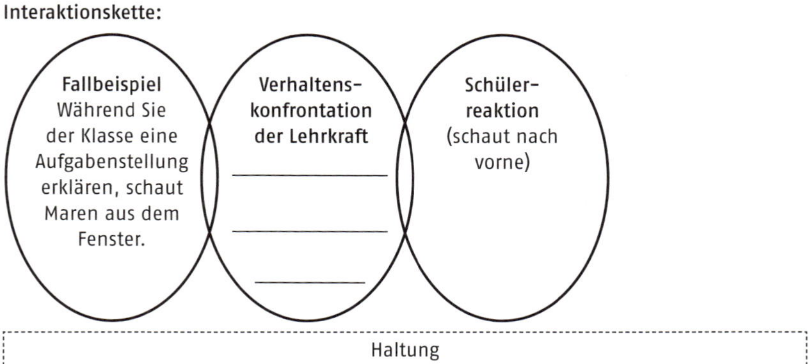

Beispiel 3

Interaktionskette:

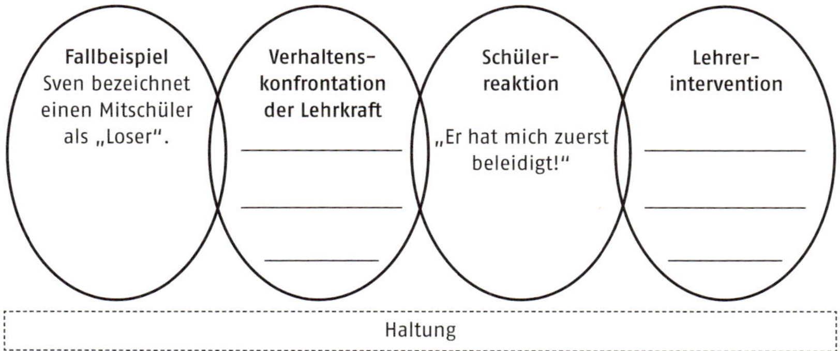

3.7 Konfrontation, wenn Schüler die Lehrerhinweise abwerten

Bei dieser Konfrontation wird ein Verhalten des Schülers hinterfragt, das eine Information einer Lehrkraft nicht berücksichtigt oder sogar offen gegen sie rebelliert. Statt dafür gleich eine Sanktion auszusprechen, wird zunächst die Rollenwahrnehmung des Schülers hinterfragt.

Haltung

Schüler meinen die Lehrkraft nie als Person, wenn sie gegen ihre Autorität rebellieren. Meist stehen dahinter vielmehr alte, nun nicht mehr zielführende Denk- und Verhaltensmuster. Diese können dazu führen, dass Schüler mit Verhaltensauffälligkeiten die aktuelle Rollenbeziehung nicht adäquat codieren können, z. B. weil ihnen in der frühen Erziehung keine klaren Grenzen gesetzt wurden. Ebenso kann es sein, dass sich das emotionale Verhältnis zwischen Eltern und Kindern nicht kindgerecht entwickelt hat, z. B. weil das Wohlbefinden der Erwachsenen zu sehr von den Reaktionen des Kindes abhing und sich dadurch die Positionen verschoben haben.

Die Transaktionsanalyse spricht von passivem Denken, wenn Personen bei einem Problem nicht die Informationen über sich selbst, andere und eine gegebene Situation wahrnehmen und berücksichtigen, die sie für die Lösung benötigen. Wer passiv denkt (abwertet), löst nicht die aktuellen Probleme, da mit Denk- und Verhaltensmustern aus der Vergangenheit agiert wird (Stewart/Joines 2006).

Eine positive soziale Entwicklung von Schülern setzt eine realistische Rollenwahrnehmung voraus. Die professionelle Aufgabe der Lehrkraft besteht darin, die Rollenbeziehung zu klären und bei Bedarf zu korrigieren.

Meist findet die Abwertung der Autorität einer Lehrkraft nicht offen statt, sondern Schüler gehen mit einer Lehrerinformation so um, als existiere das Problem überhaupt nicht. Dabei kann es für sie u.U. wenig relevant sein, dass ihr Verhalten vor den Augen der Lehrkraft stattfand. Oder auch, indem sie einen Auftrag der Lehrkraft nicht ausführen oder diskutieren wollen (Abb. 9).

Signalverhalten auf dieser Problemebene, z. B.:	Lernschritte auf dieser Ebene/Förderung der …
Verbale Reaktionen: „Nein!“, „Hab‘ ich nicht!“, „Stimmt gar nicht!“, „Hä?!“, „Ich war das nicht!“, „Ich mach‘ das nicht!“, „Sonst machen wir das aber anders/müssen wir es nicht machen!“, „Sie haben mir gar nichts zu sagen!“, „Auf Sie höre ich nicht!“, „Meine Mutter/mein Vater hat gesagt, ich darf …“ Sonstige Muster: Schüler ignoriert nach einem Hinweis die Lehrkraft (z. B. indem er provokant wegschaut, sich mit anderen Dingen beschäftigt oder grinst); Schüler will über die gestellten Aufgaben diskutieren; Schüler hört auf die Hinweise der Klassenlehrkraft, nicht aber auf Fachlehrkräfte	**(1) Rollenwahrnehmung:** Der Schüler erkennt die Merkmale der Rollenbeziehung (Lehrerposition und Schülerposition), die Grenzen und Möglichkeiten seiner Rolle und Verantwortlichkeiten als Schüler. **(2) Reflexionsfähigkeit:** Der Schüler erkennt, dass ein Problem vorhanden ist. Er setzt sich über diesen Konflikt mittels angemessener Sprache auseinander.

Abb. 9: Signalverhalten auf dieser Problemebene A

Praxis

In der Stillarbeitsphase einer Deutschstunde beginnt Peter (6. Klasse), mit seinem Füller auf dem Tisch herumzuklopfen. Die Lehrkraft konfrontiert ihn vom Lehrerpult aus: „Du machst Klopfgeräusche!" Peter: „Ich klopfe gar nicht!" Die Lehrkraft verkürzt zu Peter die Distanz, indem sie hingeht und sagt (entspannt): „Peter, ich habe es gesehen und gehört. Was meinst du mit ‚gar nicht'? (1)" Peter blickt demonstrativ zur Seite. Lehrkraft: „Nimm dir eine Auszeit und denk über deine Reaktion nach!" (Peter kommt wieder.) Lehrkraft: „Was sind deine Gedanken zu deinem Verhalten?" (2) Peter: „Ja, ich habe schon geklopft." Lehrkraft: „Für wie angemessen hältst du deine Reaktion, wenn ich dich auf das Klopfen aufmerksam mache?" (1) Peter: „Nicht so." Lehrkraft: „Und weshalb ‚nicht so'?" (1)

Die Lehrkraft rückt in diesem Beispiel die ursächliche Störung (Klopfen) nach hinten und die Klärung der Rollenbeziehung nach vorne. Statt die Reaktion des Schülers zu ignorieren oder genervt darauf zu reagieren, wird sein Verhalten zur Möglichkeit für soziales Lernen.

Den eventuellen Handlungsdruck, auf störendes Verhalten sofort reagieren zu müssen, kann die Lehrkraft entspannen, indem sie ein Gespräch oder gegebenenfalls eine Konsequenz zunächst nur angekündigt. Eine Konfrontation kann sie dann in Ruhe durchdenken.

Bei der Konfrontationsdurchführung sind offene Fragen ein probates Mittel. Sie regen bewusste Denkprozesse an und fordern den Schüler dazu auf, jetzt Stellung zu beziehen.

Lehrkraft: „Was sind deine Gedanken zu gestern?" (2) Peter: „Ich habe mit dem Klopfen gestört." Lehrkraft: „Du hast dir Gedanken gemacht. Gut! Wo lagen in der Situation noch die Schwierigkeiten?" (1) Peter: „Sie haben mich angesprochen und ich habe Sie ignoriert." Lehrkraft: „Peter. Es ist für mich kein Problem, wenn du innerlich unruhig oder unsicher bist und deshalb mal auf deinen Tisch klopfst. Aber was ist mir wichtig?" (1) Peter: „Es nicht abzustreiten." Lehrkraft: „Ja. Ich erwarte, dass du meinen Hinweis berücksichtigst."

Grundsätzlich ist die Konfrontation mit ruhiger Stimme zu bevorzugen, da sie deeskalierend wirkt. Es kann aber sein, dass eine kräftige Stimme notwendig ist, um einen Schüler erreichen zu können, bzw. sein Muster zu stoppen.

Boran (4. Klasse) beleidigt eine Mitschülerin als „fette Nutte". Dies hört die Pausenaufsicht und konfrontiert: „Du beleidigst sie!" Boran: „Sie haben mir nichts zu sagen!" Lehrkraft (laut): „Wer hat dir denn sonst hier was zu sagen?" (1) Boran schweigt. Lehrkraft: „Okay, komm zur Ruhe und überlege, wie du es klärst!"

Rebellieren Schüler offen und heftig gegen die Lehrkraft, sollten die Situationen möglichst in Ruhe nachbesprochen werden, als eine Einladung in eine offene, vertrauensvolle Lehrer-Schüler-Beziehung.

Tobias (6. Klasse), der sich von der Lehrkraft „ungerecht" behandelt fühlte, nahm dies als Anlass dafür, unaufhörlich in den Unterricht hineinzusprechen, z. B.: „Die anderen machen nie was falsch, nur ich!", „Nur weil Sie mich nicht leiden können!" Als die Lehrkraft nach mehrfachen Ermahnungen seinen Arm ergriff mit dem Ziel, ihn vor die Tür zu bringen, schlug ihr Tobias gegen die Schulter. Türknallend rannte er aus der Klasse.

Am nächsten Tag fragt ihn die Lehrkraft: „Was sind deine Gedanken heute zu gestern?" (2) Tobias: „Es tut mir leid, dass ich Sie geschlagen habe." Lehrkraft: „Das nehme ich an! Was musst du aber lernen?" (1) Tobias: „Nicht gleich auszurasten." Lehrkraft: „Sondern?" Tobias: „Schon früher auf Sie hören." Lehrkraft: „Das ist der Punkt, Tobias. Es war auch von mir ein Fehler, ohne Vorwarnung deinen Arm zu ergreifen. Aber spätestens wenn ich dich zum zweiten Mal auf dein Verhalten hinweise, erwarte ich eine Reaktion, die mir zeigt, dass du dich um eine Veränderung bemühst. Was könntest du an deinem Verhalten verändern?" (1)

In diesem Fallbeispiel ersetzt die Lehrkraft eine „Erziehungs- und Ordnungsmaßnahmenkonferenz“, die vertretbar gewesen wäre, durch eine Beziehungssituation.

Fazit

Die Basis für den Prozess der Verhaltensveränderung eines Schülers ist eine geklärte Rollenbeziehung. Dies ist die Voraussetzung für seine höhere Verantwortlichkeit für eigene Lernvorgänge und die sozialen Zusammenhänge. Für klare Rollen ist es hilfreich, dass Lehrkräfte möglichst in jeder Transaktion mit dem Schüler stets gleichzeitig einen hohen Wert darauf legen, die unterschiedlichen Positionen dem Schüler klar und deutlich zu vermitteln.

Das bedeutet nicht Strenge, sondern entspannte Disziplin, nicht von der Forderung abzurücken, dass der Schüler möglichst jeden Hinweis von einer Lehrkraft angemessen, d.h. sich seiner Position bewusst, berücksichtigen muss.

Die eventuelle Klärung der Positionen darf nicht aus Zeitgründen ausfallen. Wenn ein Schüler dafür z.B. eine halbe Stunde vor dem Lehrerzimmer warten muss, ist dies auf dieser Problemebene durchaus vertretbar, da erfolgreiches Lernen in einer Klasse ohne eine klare Rollenbeziehung nicht stattfindet.

Konfrontation bei einer Abwertung von Lehrerhinweisen

1. Beispiel 1: Bitte notieren Sie eine Lehrerintervention und danach Schülerreaktion, die ausdrückt, dass die Lehrerinformation abgewertet wird. Sie können sich dafür an der Abbildung orientieren!
2. Beispiel 2: Sie können eine Konfrontation in Reaktion auf die Abwertung des Schülers notieren, die direkt oder später erfolgt. Ziel ist, Lernschritte (rechts in der Abbildung) auf der Problemebene anzuregen.
3. Sie können ein stimmiges, reales Beispiel aus Ihrem Schulalltag eintragen. Erproben oder planen Sie eine Konfrontationsdurchführung!

Beispiel 1

Interaktionskette:

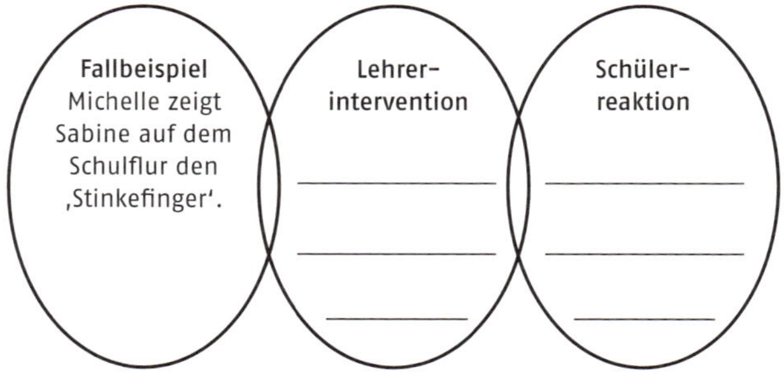

Haltung

Beispiel 2

Interaktionskette:

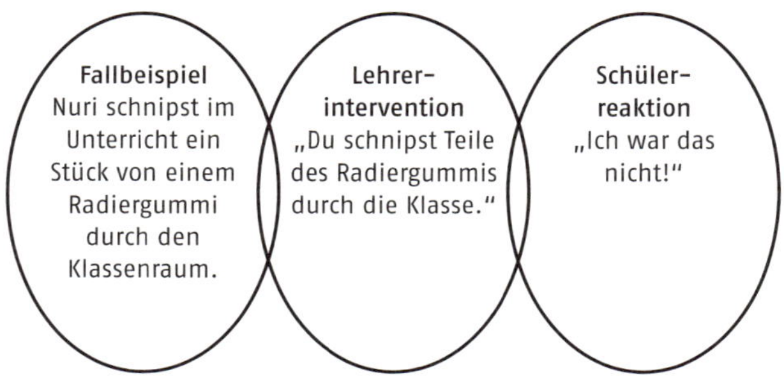

Haltung

A) direkte Konfrontation
B) Konfrontation zu einem späteren Zeitpunkt:

Beispiel: A) Lk: „Für wie angemessen hältst du deine Reaktion?"

____

____

____

____

____

Interaktionskette:

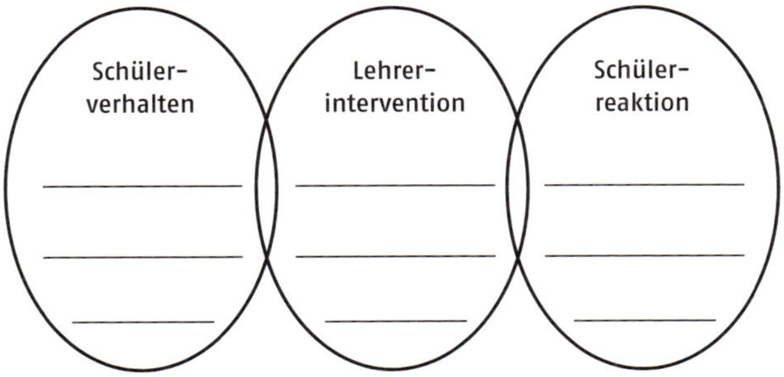

Haltung

A) direkte Konfrontation
B) Konfrontation zu einem späteren Zeitpunkt:

3.8 Konfrontation, wenn Schüler die Bedeutung von Verhalten abwerten

Bei dieser Konfrontation wird das Verhalten von Schülern hinterfragt, wenn sie die Wirkungen und Auswirkungen nicht wahr- oder ernstnehmen, die ihr Verhalten erzeugt.

Haltung

Verhaltensweisen eines Schülers bewirken stets bei seiner Umgebung Empfindungen, Gefühle und Gedanken. Dies kann von dort Reaktionen hervorrufen, die wiederum auf das Erleben eines Schülers zurückwirken.

Schüler mit Verhaltensauffälligkeiten haben oft eine niedrige Schwelle für aggressives Verhalten. Danach beschuldigen sie oft andere oder wollen durch vordergründige Argumente von ihren eigenen Konfliktanteilen ablenken.

Realistische Verantwortungsübernahme für das eigene Verhalten ist für Schüler der entscheidende Entwicklungsschritt für eine positive soziale Entwicklung. Lehrkräfte müssen einschätzen, wie viel Verantwortung altersgerecht ist und Schülern Verantwortung möglichst früh übertragen.

Damit Schüler mit Verhaltensauffälligkeiten lernen können, diese Verantwortung zu übernehmen, müssen ihnen ein äußerer (Werte, Verhaltensregeln usw.) und ein innerer Bezugsrahmen (Gefühle und Gedanken bei sich selbst und anderen) angeboten und kontinuierlich vermittelt werden.

Um zu lernen, sich in andere hineinzuversetzen, brauchen Schüler die Bereitschaft und Fähigkeiten zur Perspektivenübernahme und Einfühlung. Dies lässt sich pädagogisch durch die Rückmeldungen der Wirkungen und Auswirkungen des schulischen Verhaltens gezielt anregen.

Praxis

Folgende typische Reaktionen von Schülern zeigen, dass sie zwar ein aktuelles Problem wahrnehmen, nicht jedoch die Notwendigkeit dafür sehen, die Verantwortung für ihren Anteil am Konflikt zu übernehmen (Abb. 10).

Abb. 10: Signalverhalten auf dieser Problemebene B

Signalverhalten auf dieser Problemebene, z. B.:	Lernschritte auf dieser Ebene/Förderung der …
Verbale Reaktionen: „Ja, und?“, „Ist mir doch egal.“, „Er macht das auch bei mir!“, „Sie hat aber angefangen!“, „Ich bekomme immer für alles die Schuld!“, „Reden Sie doch zuerst mit ihr!“, „Es ist einfach passiert/es war ein Reflex.“ Sonstige Muster: Schüler zeigen bei Klärungen wenig Einsicht, emotionale Betroffenheit oder Bereitschaft, die Verantwortung zu übernehmen. Dominiert wird das Denken vom Schuldkonzept und den Kategorien Recht und Unrecht.	(1) **Bereitschaft und Fähigkeit** zur Perspektivenübernahme: Der Schüler lernt, sich gedanklich insb. in Mitschüler hineinzuversetzen. (2) **Bereitschaft und Fähigkeit zur Einfühlung:** Der Schüler kann die Wirkungen nachempfinden, die ein bestimmtes Verhalten bei Mitschülern auslösen kann. (3) **Kontextbewusstheit:** Der Schüler lernt, Wirkungen und Auswirkungen von Verhalten abzuschätzen. Er erkennt Zusammenhänge von Verhalten und den wahrscheinlichen Dynamiken und Rückwirkungen.

Wertet ein Schüler zwar nicht die Existenz einer Verhaltensweise, jedoch deren Bedeutung ab, so kann sein Verhalten hinterfragt werden. Je nach Schwerpunktsetzung auf dieser Ebene bieten sich dafür verschiedene Impulse an.

Beispielhafte Impulse für die Situation: „Wenn du einen Mitschüler beleidigst/schlägst, ..."

- Wirkungen: „... wie ist das für ihn?", „... was bewirkt dein Verhalten bei ihm?", „... was löst das bei ihm aus?", „... wie fühlt sich das für ihn an?", „... wie wäre das für dich?", „... was würdest du fühlen?", „... was würde das bei dir auslösen?"
- Tipp: Es kommt immer wieder vor, dass Schüler zwar bejahen, dass der Mitschüler durch ihr Verhalten einen Schaden genommen hat, jedoch ohne, dass dies wirklich von einer emotionalen Einsicht begleitet wird. Es wirkt eher wie „abgespult". Dann: „Weshalb tust du das dann?!"
- Reaktionen: „... wie reagiert der andere?", „... was macht der andere dann?", „... was folgt?" (...) „Willst du das?"
- Konsequenzen: „... was passiert dann?", „... was erreichst du damit?", „... was für Überlegungen löst du damit aus?" (...) „Was sind dafür bei uns die Konsequenzen?"
- Dynamiken: „... wie geht es weiter?", „... wohin führt das?", „... wie nehmen das deine Mitschüler auf?", „... welches Bild entsteht hier von dir?" (...) „Willst du das?"
- Tipp: Es ist für den Schritt in Richtung der Lösungsfindung hilfreich, den Schüler nach der Intention zu befragen. Dann: „Was willst du eigentlich erreichen?"
- Rückwirkungen: „... und sie reagieren genauso/es gibt eine Konsequenz/die Mitschüler vermeiden den Kontakt mit dir? Wie ist das dann für dich?/Was für Gefühle/Gedanken hast du dann?" (...) „Willst du das?"

Im folgenden Fallbeispiel unterstützt die Lehrkraft nicht den Versuch des Schülers, die Verantwortung für das eigene Tun abzugeben, sondern regt eine verantwortungsbewusste Reaktion an.

Erik (6. Klasse) schubst Ruben gegen die Wand. Erik lacht. Eine Lehrkraft sieht dies und konfrontiert Erik: „Du schubst ihn gegen die Wand!" Erik ruft: „Er hat mich provoziert!" Lehrkraft (etwas lauter): „Was meinst du, wie ist das für ihn, wenn du ihn so gegen die Wand schubst?" (2) Erik (errötet leicht): „Es tut ihm weh." Lehrkraft: „Was, meinst du, sind meine Überlegungen dazu?" (1) Erik: „Dass ich mich entschuldigen soll?" Lehrkraft: „Das ist ein Gedanke. Ich frage mich gerade, ob du hier unbeaufsichtigt warten kannst, wenn du dich so verhältst."

Hinter den Verhaltensauffälligkeiten liegen stets berechtigte Bedürfnisse und Intentionen der Person, z. B. in Ruhe gelassen zu werden, in der Klasse anerkannt zu sein oder Freundschaften zu schließen. Dieses Verständnis lässt sich für die Konfrontation z. B. folgendermaßen berücksichtigen.

Justin (2. Klasse) beschmeißt in der Pause andere Mitschüler mit Sand. Die Pausenaufsicht ermahnt ihn. Justin: „Die haben auch geschmissen!" Lehrkraft: „Bleib bei dir, Justin, du hast mit Sand geschmissen! Wie geht sowas denn weiter?" (3) Justin: „Weiß ich doch nicht." Lehrkraft: „Dann denk' nach. Jetzt folgt erst mal, dass du die Pause neben mir stehst." (3) Justin geht trotzig mit. Die Lehrkraft fragt (wohlwollend): „Was wolltest du damit denn eigentlich erreichen?"

Bei älteren Schülern können Veränderungsprozesse eher über offene und sachbezogene Gespräche erreicht werden. Dabei können soziale Zusammenhänge hinterfragt werden.

Steffen (Klasse 7) hatte eine Klassenkonferenz, da er ein Messer mitbrachte, mit dem Leon und Andrej in der Pause dann herumfuchtelten. Am nächsten Tag kam die Rückmeldung, dass Steffen diesmal erneut im Beisein der beiden mit einem Feuerzeug die Sitzbänke „angekokelt" hat. Lehrkraft: „Steffen, du bist bei mir fachlich auf einem guten Weg, z. B. in Deutsch. Welchen Weg gehst du gerade im Kontakt mit Leon und Andrej?" (3) Steffen: „Ich weiß selbst, dass es nichts bringt, wenn ich mit denen was mache." Lehrkraft: „Welche nicht hilfreichen Begleiterscheinungen sind es für dich? (3) Steffen: „Wieder eine Klassenkonferenz, wahrscheinlich hab' ich jetzt schon eine?" Lehrkraft: „Angenommen, es kommt so. Wie wird es für dich sein? (3) Steffen: „Beschissen, mein Vater wird ausrasten ..." Lehrkraft: „Ich denke, dein Thema im schulischen Kontakt zu Leon und Andrej könnte ‚Abgrenzung' heißen. Oder?"

Es ist ein bekanntes Bild, wenn in nicht gefestigten Klassen Äußerungen der Mitschüler kommentiert, Fehler herausgestellt oder andere ausgelacht werden. Durch die Vielzahl von Abwertungen ist nicht ausreichend Schutz und Sicherheit für erfolgreiche Lern- und Entwicklungsprozesse vorhanden. Das folgende Beispiel zeigt, wie ein Klassenverbund konfrontiert werden kann.

Die Frage „Est-ce que tu pars pour Paris?" wird im Französisch-Unterricht gestellt. Sebastian: „Non." (verlegenes Lächeln) Mitschüler kichern. Lehrkraft (versucht sich gut verständlich zu machen): „Est-ce que tu pars pour Paris?" Sebastian (verlegen): „Je ne pas Paris." Mitschüler kichern, zwei lauter. Lehrkraft: „Schluss jetzt! (Pause) Ich stelle eine Frage und hier wird gekichert! (Pause) Wie wäre das, wenn ihr gerade dran wäret? (1) (Pause) Wie wird eine Klasse, in der so miteinander umgegangen wird?" (3) Lisa meldet sich zu Wort: „Ich finde das mies! Jeder kann doch auch mal etwas nicht wissen!"

Fazit

Statt bei aggressivem oder störendem Verhaltensmustern den Schwerpunkt auf Sanktionen zu legen, beinhaltet diese Konfrontation den pädagogischen Versuch, bei Schülern einen gedanklichen und gefühlsmäßigen Zugang zu sich selbst und zu anderen zu finden und ihr Bewusstsein zu stärken. An die Vermittlung der sozialen Dimension, die hinter jedem Verhalten liegt, schließt sich die Hervorhebung der Handlungsalternativen an (Kap. 3.9).

Konfrontation bei einer Abwertung der Bedeutung von Verhalten

1. Beispiel 1: Bitte notieren Sie eine Lehrerintervention und danach Schülerreaktion, die ausdrückt, dass die Bedeutung des Verhaltens abgewertet wird. Sie können sich dafür an der Abbildung orientieren!
2. Beispiel 2: Sie können eine Konfrontation in Reaktion auf die Abwertung des Schülers notieren, die direkt oder später erfolgt. Ziel ist, Lernschritte (rechts in der Abbildung) auf der Problemebene anzuregen.
3. Sie können ein stimmiges, reales Beispiel aus Ihrem Schulalltag eintragen. Erproben oder planen Sie eine Konfrontationsdurchführung!

Beispiel 1

Interaktionskette:

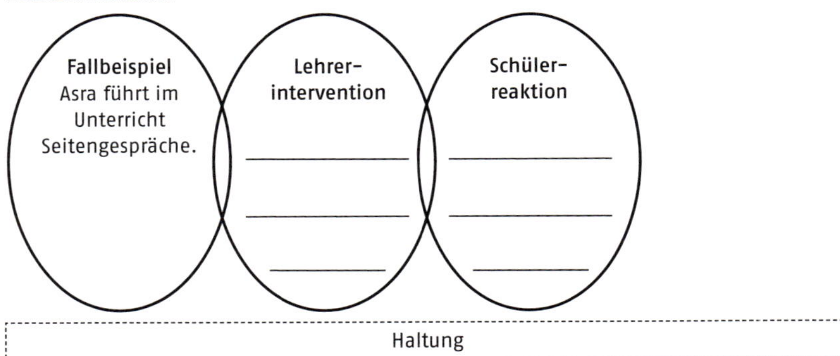

Beispiel 2

Interaktionskette:

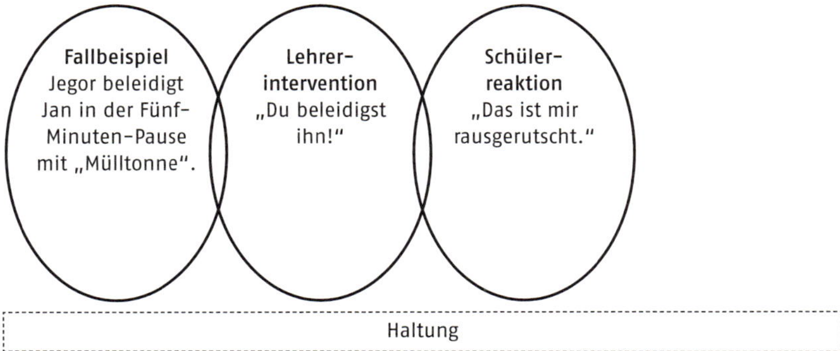

A) direkte Konfrontation
B) Konfrontation zu einem späteren Zeitpunkt:

Beispiel: A) Lk:: „Was meinst du mit rausgerutscht? (...) Was folgt daraus, wenn du Mitschüler so beleidigst?"

____

____

____

____

____

Interaktionskette:

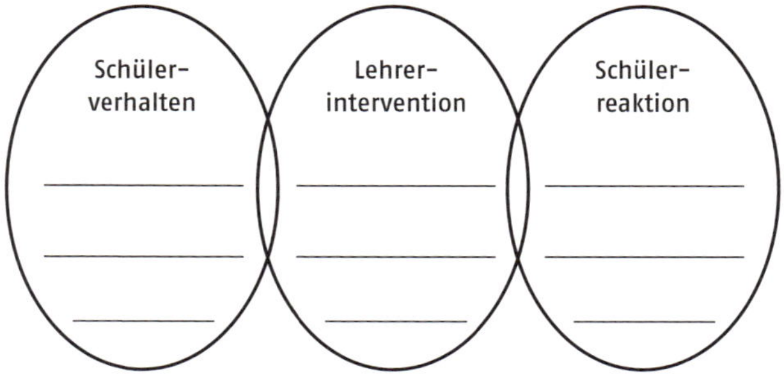

Haltung

A) direkte Konfrontation
B) Konfrontation zu einem späteren Zeitpunkt:

3.9 Konfrontation, wenn Schüler die Lösungsmöglichkeiten abwerten

Diese Form der Konfrontation hinterfragt Schüler, wenn sie verschiedene Lösungsmöglichkeiten nicht wahrnehmen.

Haltung

Für soziale Lernprozesse bieten die Gruppenstrukturen in der Schule ideale Voraussetzungen, weil Gleichaltrige in Lösungsprozesse einbezogen werden können. Da Mitschüler die Schulsituationen kennen, ist es sinnvoll, ihr

Wissen und ihre Erfahrungen in die Gespräche über Handlungsalternativen unterstützend einzubeziehen.

Bei extrem destruktiven Verhaltensweisen, wie z. B. autoaggressivem oder stark dissozialem Verhalten, sollten Mitschüler allerdings nicht beteiligt werden. Der Schutz für die Beteiligten hat dann stets Priorität.

Wie Abbildung 11 zeigt, ergeben sich dadurch zwei mögliche Strukturen für die Konfrontation auf dieser Ebene. Die Einbeziehung von Mitschülern setzt voraus, dass ein unterstützendes Klassenklima erreicht wurde.

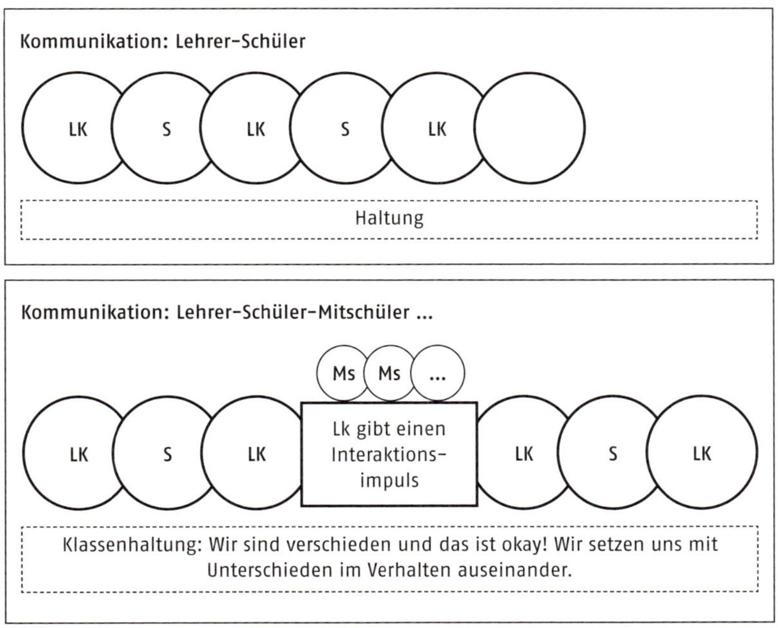

Abb. 11: Möglichkeiten der Konfrontationsdurchführung

Jeder Schüler wünscht, von seinen Mitschülern gemocht zu werden und mit anderen gut umzugehen. Um dies zu erreichen, brauchen Schüler mit Verhaltensauffälligkeiten Verhaltensstrategien und oft auch eine Veränderung im Denken. Ihre Vorstellungen über „Recht" und „Unrecht" oder „Schuld" und „Unschuld" können sie nur auf der Grundlage des Wohlwollens und der Unterstützung durch die Lehrkraft und über diese durch ihre Mitschüler verändern.

Praxis

Verhalten sich Schüler wiederholt nicht problemlösend (Abb. 12) oder schließen sie die Möglichkeit der Veränderbarkeit eines Problems gänzlich aus, ist zunächst zu prüfen, ob sie schon über Lösungsstrategien verfügen. Dies geschieht im folgenden Fallbeispiel aus der Schule für Erziehungshilfe als ein gemeinsamer Denkprozess.

Signalverhalten auf dieser Problemebene, z. B.:	**Lernschritte auf dieser Ebene/Förderung der ...**
Verbale Reaktionen: „Ich weiß nicht, wie es anders geht.“, „Was soll ich denn sonst machen?“, „Ich mache das schon immer so.“, „Ich probiere ja schon alles, aber es klappt einfach nicht.“, „Zuhause mache ich es auch immer so.“ Sonstige Muster: Der Schüler ist selbst unzufrieden mit seinem Verhalten, seiner Stellung im Klassenverbund oder seinen Ergebnissen, verändert jedoch nicht sein Verhalten. Vielmehr greift er weiter auf nicht erfolgreiche Muster zurück.	**(1) Kontextbewusstheit:** Der Schüler nimmt für die Schule zielführende Handlungsmöglichkeiten wahr. Er wendet diese Lösungsstrategien an, festigt und transferiert sie auf die unterschiedlichen Situationen.

Abb. 12: Signalverhalten auf dieser Problemebene C

Riko (6. Klasse), der einen Aufsatz schreiben soll, schlägt seinen Kopf auf den Tisch. Lehrkraft (wartet kurz, dann ruhig): „Du schlägst deinen Kopf auf den Tisch.“ Riko: „Ich weiß nicht, was ich schreiben soll.“ Lehrkraft: „Okay, und das setzt dich innerlich unter Druck. Das verstehe ich. Wie könntest du mit Druck bei dir anders umgehen?“ (1) Riko: „Weiß nicht, ich hab das früher auch schon so gemacht.“ Lehrkraft: „Okay. Angenommen bei der nächsten Aufsatz-Stresssituation merkst du: Ich gerate innerlich unter Druck. Was könnte dann hilfreicher sein?“ (1) Riko: „Vielleicht kann ich den Aufsatz mit Paul zusammen anfangen. Lehrkraft: „Das ist eine gute Idee! Wir besprechen das mit Paul.“

Hier konnte sich der Schüler mit einer kreativen Lösung von seinem Muster lösen. Genauso kann es ein längerer Prozess sein, bis Schüler ihre Muster durch neue Strategien ablösen können. Die Lehrkraft kann dabei die Veränderungsmotivation von Schülern stärken, indem sie einer Veränderung eine hohe Priorität gibt, z. B.: „Mir ist wichtig, dass du dir bei Wut selbst in Gedanken ein ‚Stopp!' sagst und dann einen deiner ‚Notausgänge' nutzt!"

Die Verantwortung der Lehrkraft liegt darin, den Schülern kontextspezifische Handlungsmöglichkeiten anzubieten. Die Verantwortung der Schüler ist es dann, eine der Möglichkeiten zu wählen. Entscheidet sich der Schüler gegen diese, sind Konsequenzen logische Folgen.

Michael (7. Klasse) kichert unablässig in der Biostunde und wurde von der Lehrkraft bereits darauf hingewiesen, dass es die Konzentration der anderen stört. Michael antwortet nun: „Ich kann nichts dafür, ich muss lachen." Lehrkraft: „Wie kannst du das unterbrechen, dich von Albernheit abgrenzen?" Michael: „Ich weiß es gerade nicht." Lehrkraft: „Gut. Deine Möglichkeiten sind jetzt eine ‚Auszeit' oder du kannst im Flur vor der Klasse arbeiten. (1) Ich setze dich jetzt eine Stufe hoch (Kap. 2.6) und bei der nächsten Unterrichtsstörung setze ich dich in den Bereich der ‚Konsequenzen'."

Besteht eine Unsicherheit, dass ein Schüler – trotz eines vereinbarten Regelsets über den Ort, die Dauer und Gestaltung der Auszeit – außerhalb des Klassenraumes nicht im Blickfeld verbleibt, sollte eine Auszeit bei geöffneter Klassenzimmertür erfolgen. Bei einer zeitlich etwas längeren Auszeit sollte sich die Lehrkraft in regelmäßigen Abständen vergewissern, ob sich der Schüler noch am vereinbarten Ort befindet.

Fühlen sich auch Klassenkameraden von einem Mitschüler gestört, kann in einem gemeinsamen Gespräch nach Lösungen gesucht werden. Das Michael-Beispiel könnte auch für ein Kleingruppengespräch nach dem Unterricht genutzt werden.

Die Lehrkraft bittet Michael und Steffen, den Klassensprecher, zu einem Gespräch. Lehrkraft: „Steffen, wie du mitbekommen hast, habe ich Michael auf sein Verhalten mehrfach angesprochen. Wie hast du es wahrgenommen? (Bedeutung des Verhaltens)." Steffen: „Ja, also, ich kann dir sagen, Michael, es nervt mich und die meisten hier!" Michael grinst, wirkt aber verunsichert. Lehrkraft: „Michael, wenn du dich so im Unterricht verhältst, nervt es deine Mitschüler und mich ärgert es. (...) Steffen, kennst du eine Möglichkeit, wie man sich von seiner inneren Albernheit im Unterricht wieder etwas mehr distanzieren kann?" (1)

Pausenkonflikte können für die Lösungssuche in einem Klassengespräch genutzt werden, wie in diesem Fall:

Mitschüler beschweren sich über Lena (4. Klasse). Sie beleidige, wenn sie nicht mitspielen dürfe. Im Gespräch gibt die Lehrkraft Anregungen: „Was macht ihr, wenn ihr mitspielen wollt, und der andere sagt ‚Nein!'? (...) Und wenn ihr euch dadurch abgelehnt fühlt? (...) Weshalb nutzt ihr diese Möglichkeiten und beleidigt nicht? (...) Lena, war für dich eine Alternative dabei, die du probieren kannst? (...) Brauchst du eine Hilfe?" (1)

Für soziales Lernen sollten die positiven Wirkungen und Auswirkungen von Handlungsstrategien z. B. im gemeinsamen Klassengespräch oder in Kleingruppen reflektiert werden.

Gemeinsame Reflexion am Beispiel „Wenn ich nicht ...

- ... schlage, sondern meinen Ärger anspreche, ... →
- ... im Unterricht störe, sondern Rücksicht nehme, ... →
- ... andere fertig mache, sondern sie unterstütze, ... →
- ... mit Lehrkräften diskutiere, sondern es tue, ... →
- ... Dinge zerstöre, sondern auf die Dinge achte, ... →
- ... vor Fehlern Angst habe, sondern sie annehme, ... →
- ... gleich „hochgehe", sondern mich steuern kann, ... →

was verändert sich dadurch?/was erreiche ich dann damit?/was folgt daraus?/was kommt bei mir wieder an?"

Fazit

Es besteht die Erziehungsverantwortung, Schülern hilfreiche Handlungskonzepte im Kontext Schule anzubieten. Indem die wiederkehrenden Problemstellungen der Schüler mit Verhaltensauffälligkeiten immer wieder auch dafür genutzt werden, um über Handlungsalternativen im Klassenverbund nachzudenken, können diese Schüler ihr Handlungsrepertoire erweitern und die anderen Schüler sich dabei als Unterstützer erfahren. Dies setzt die Gestaltung einer unterstützenden Kommunikation voraus.

Konfrontation bei einer Abwertung der Lösungsmöglichkeiten

1. Beispiel 1: Bitte notieren Sie eine Lehrerintervention und danach Schülerreaktion, die ausdrückt, dass Lösungsmöglichkeiten abgewertet werden. Notieren Sie danach für diese Situation Lösungsmöglichkeiten!
2. Beispiel 2: Sie können eine Konfrontation in Reaktion auf die Abwertung des Schülers notieren, die direkt und/oder in einem Klassen- oder Kleingruppengespräch erfolgt. Ziel ist, Lernschritte auf der Problemebene anzuregen (rechts in der Abbildung). Notieren Sie dafür zunächst Lösungsmöglichkeiten!
3. Sie können ein stimmiges, reales Beispiel aus Ihrem Schulalltag eintragen. Erproben oder planen Sie eine Konfrontationsdurchführung!

Beispiel 1

Interaktionskette:

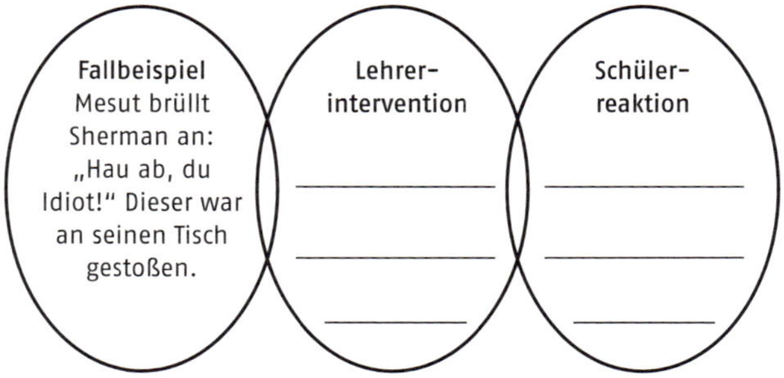

Haltung

Problemlösendes Handeln:

Beispiel 2

Interaktionskette:

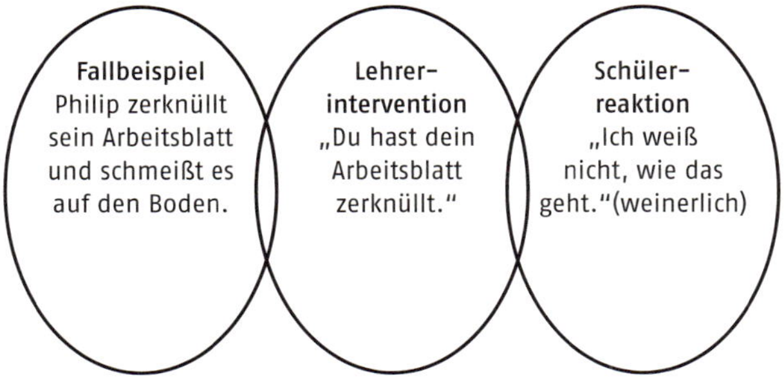

Haltung

Problemlösendes Handeln:

____

____

____

____

A) direkte Konfrontation
B) Konfrontation zu einem späteren Zeitpunkt:

Leitsatz: Zu jeder Wahl gibt es eine Alternative!

____

____

____

____

____

Interaktionskette:

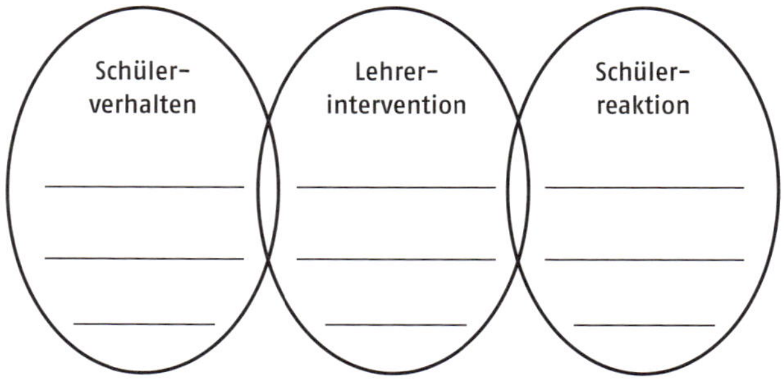

Haltung

Problemlösendes Handeln:

Konfrontation ...

3.10 Konfrontation, wenn Schüler die eigenen Fähigkeiten abwerten

Auf dieser Problemebene werten Schüler ihre Fähigkeiten ab, die sie einsetzen könnten, um etwas zu erreichen. Sie kennen zwar Möglichkeiten, nutzen diese jedoch nicht für die Problemlösung. Der Schüler wird daher angeregt, seine Wissensbestände in problemlösendes Handeln zu übertragen.

Haltung

Kognitiv könnten Schüler mit Verhaltensauffälligkeiten eine fachliche Leistung erbringen oder einen sozialen Konflikt mit Worten angemessen lösen. Wenn sie jedoch ihre eigenen Fähigkeiten dafür abwerten, liegt die Ursache dafür oft auf der emotional-motivationalen Ebene.

Es fehlt ihnen dann vielmehr an der Energie, ihr Wissen in Handeln umzusetzen oder Entscheidungen zu treffen. Insbesondere in Stresssituationen dominieren bei ihnen oft noch Emotionen und spontane Impulse die Steuerung des Verhaltens, statt der rationale Einsatz ihrer schon vorhandenen Fähigkeiten zur Problemlösung.

Konfrontationen der folgenden Fähigkeitsabwertungen von Schülern versuchen daher, eine vernunftmäßige Reaktion zu erreichen, d. h. die Bewusstheit des Schülers, seine Entscheidungsfähigkeit und Verantwortlichkeit zu stärken (Abb. 13).

Abb. 13: Signalverhalten auf dieser Problemebene D

Signalverhalten auf dieser Problemebene, z. B.:	Lernschritte auf dieser Ebene/Förderung der …
Verbale Reaktionen: „Ich kann das nicht!“, „Ich schaffe das nicht.“, „Wenn er mich provoziert, dann raste ich wieder aus.“, „Ich kann einfach nicht aufhören, zu lachen.“, „Der Grund dafür ist: Ich habe ADHS/meine Tablette vergessen.“ Sonstige Muster: Schüler kennen Handlungsalternativen und können durchaus auch deren Vorteile benennen, wenden aber weiter die alten, bekannten Muster an. Begleitet wird diese Anwendung dann von Verzweiflung, Trotzverhalten, Ärger, dem Ausdruck von Gleichgültigkeit oder Resignation.	**(1) Verantwortungsbereitschaft und -fähigkeit:** Der Schüler erkennt seine Verantwortung für die Anwendung angemessener Lösungsstrategien. **(2) Handlungsbereitschaft und -fähigkeit:** Der Schüler wendet eine Handlungsstrategie an. Er lernt, diese auf unterschiedliche Schulsituationen zu übertragen.

Praxis

Werten Schülern bei fachbezogenen Anforderungen ihre eigenen Fähigkeiten ab, lässt sich ein „Ich kann das nicht!“ häufiger verstehen als „Es ist mir zu anstrengend!“. Dieses Empfinden hat dann die Steuerung des Denkens und Verhaltens übernommen. Hier bietet dieses Konfrontations-Denkmodell die Möglichkeit, den Schüler gezielt und konkret darin zu unterstützen, seine Anstrengungsbereitschaft zu stärken (z. B.: „Für dich ist das Schreiben noch anstrengend. Schule ist auch anstrengend. Du kannst lernen, diese Anstrengung anzunehmen und zu machen. Überwinde sie und fang nun an!“).

Der Fähigkeitsabwertung des Schülers kann mit einer Konfrontation in Form einer Differenzierung begegnet werden. Hierbei werden dem Schüler kleinschrittige Handlungsanweisungen an die Hand gegeben mit dem Ziel, die Handlungsbereitschaft und -fähigkeit zu stärken.

Nachdem Linus (3. Klasse) auf sein unleserliches Schriftbild hingewiesen wurde, quengelt er: „Ich kann nicht anders schreiben!“ Die Lehrkraft differenziert die Abwertung: „Was genau kannst du nicht anders schreiben?“ Linus: „Ich kann das einfach nicht.“ Lehrkraft: „Okay. Wir suchen jetzt zwei Schreib-Übungspunkte. Welche?“ (2) Linus: „Weiß ich nicht.“ Lehrkraft: „Okay. Ich ziehe deine Seitenränder farbig nach und du achtest verstärkt auf das Zeilenende. Und du übst die Großbuchstaben doppelt so groß zu ziehen wie kleine Buchstaben. (2) Schreibe ab jetzt etwas langsamer, dafür aber gründlicher!“

Als Sabine (8. Klasse) im Unterricht auf ihr Kichern hingewiesen wird, antwortet sie: „Ich kann nichts dafür, ich muss einfach lachen!“ Sie lacht. Lehrkraft: „Wovon kannst du dich nicht abgrenzen?“ Sabine: „Ja, keine Ahnung. Steffi macht die ganze Zeit Sprüche!“ Lehrkraft: „Und wovon kannst du dich nun genau nicht abgrenzen?“ Sabine schweigt. Lehrkraft: „Du hast nun die Möglichkeit, dich abzugrenzen, von mir aus: Setze dich um. Oder du gehst vor die Tür und arbeitest dort. Ich setze dich nun auf ‚Entscheide Dich!‘ (Kap. 2.6) Kommst du auf Konsequenz, bedeutet dies für dich montags eine Stunde nachsitzen.“

Die Motivation der Fähigkeitsabwertung von Schülern im Zusammenhang mit sozialen Konflikten ist oft noch eine unzureichende Bereitschaft zur Übernahme von Verantwortung. Der erste Schritt zur Veränderung ist dann die Entscheidung, das alte, bekannte Verhaltensmuster durch ein verantwortungsbewusstes Verhalten zu ersetzen.

Sebastian (8. Klasse) sagt zur Lehrkraft: „Ich habe es ihm heute einmal normal gesagt, aber eins sage ich Ihnen, beim nächsten Mal poliere ich ihm die Fresse!" Lehrkraft: „Ich verstehe, dass du sauer bist, Sebastian, sehe es aber anders. Unabhängig davon, was der andere macht, besteht für dich die Verantwortung, friedliche Mittel anzuwenden." (1) Sebastian: „Er hat doch selber Schuld, wenn er nicht mit seinen Sprüchen aufhört!" Lehrkraft: „Nochmal, Sebastian. Ich verstehe, dass dich das Verhalten stark stört. Und du trägst die Verantwortung für dein Verhalten. Ich bin mir sicher, dass du auf nun dem Weg bist, anders auf Provokation zu reagieren. Wie vielleicht?" (2)

Die Lehrkraft konfrontiert die latente Bereitschaft des Schülers, zu seinem alten, bekannten Problemlösungsmuster zurückzukehren. Verhalten sich Schüler aggressiv, ist es oftmals notwendig, auf die Konfrontationsebene der Bedeutung des Verhaltens (Kap. 3.8) zurückzugehen als Voraussetzung der Konfrontation auf einer höheren Ebene.

Gewöhnung an Muster kann auch ihre dynamische Ursache in einer Stigmatisierung (Diagnosen!) und dadurch Entmächtigung des Schülers haben. Auf dem Resonanzboden von Annahme, Schutz und Zuversicht der Lehrkraft braucht er dann immer wieder neu die auffordernde Konfrontation: „Du kannst das. Mach' den ersten Schritt und tu es jetzt!"

Weil das Verlassen einer (scheinbaren) Handlungssicherheit für Schüler mit Verunsicherung verbunden ist, ist Ermutigung auf der Grundlage einer vertrauensvollen Lehrer-Schüler-Beziehung so bedeutsam.

Fazit

Der Erfolg einer Konfrontation steigt nicht mit ihrer Intensität, z. B. durch Lautstärke der Lehrkraft, sondern mit ihrer Genauigkeit. Zeigen Schüler immer wieder ähnliche Verhaltensmuster, ist es hilfreich zu überprüfen, auf welcher Ebene der Schüler dabei das Problem abwertet. Je tiefer die Ebene der Abwertung ist (Kap. 3.7 – 3.10), desto problematischer ist dies für den Lern- und Entwicklungsprozess des Schülers. Eine geklärte Rollenbeziehung (Lernschritt 1) ist die Basis dafür, dass Schüler überhaupt über die Verhaltensbedeutung mit der Lehrkraft reflektieren. Und erst wenn Schüler die Bedeutung von Verhalten erkennen (Lernschritt 2), sind sie motiviert, sich mit Lösungsmöglichkeiten zu beschäftigen. Überhaupt Handlungsmöglichkeiten zu kennen (Lernschritt 3), ist die Voraussetzung dafür, danach zu üben, sie situativ umzusetzen (Lernschritt 4).

Da sich in diesem Lernprozess das Schüler- und Lehrerverhalten wechselseitig beeinflussen, besteht für die Lehrkraft bei Blockierungen und Konflikten die Aufgabe, über die eigene Einstellung und eigenes Verhalten zu reflektieren. Dafür können die einzelnen Transaktionen reflektiert werden. Es kann sein, dass eine Lehrkraft dann feststellt, dass z. B. das eigene Lehrerverhalten bei dem Schüler eine verletzende Wirkung ausgelöst hat. In solch einem Fall kann die Lehrkraft echte Autorität vermitteln und sich bei dem Schüler für das Verhalten entschuldigen.

Konfrontation bei einer Abwertung der eigenen Fähigkeiten

1. Beispiel 1: Bitte notieren Sie eine Lehrerintervention und danach Schülerreaktion, die ausdrückt, dass die eigene Fähigkeit zur Problemlösung abgewertet wird. Sie können sich dafür an der Abbildung orientieren!
2. Beispiel 2: Sie können eine Konfrontation in Reaktion auf die Abwertung des Schülers notieren, die direkt oder später erfolgt. Ziel ist, Lernschritte (rechts in der Abbildung) auf der Problemebene anzuregen!
3. Sie können ein stimmiges, reales Beispiel aus Ihrem Schulalltag eintragen. Erproben oder planen Sie eine Konfrontationsdurchführung!

Beispiel 1

Interaktionskette:

Fallbeispiel
Juri brüllt Mitschüler an, sobald er sich provoziert fühlt.

Lehrer-intervention

____

____

____

Schüler-reaktion

____

____

____

Haltung

Beispiel 2

Interaktionskette:

Fallbeispiel
Mesut verwickelt sich regelmäßig in Handgreiflich-keiten. Es gab gestern eine Streitschlichtung.

Klassen-lehrkraft
„Es freut mich, dass du den Konflikt besprochen hast. "

Schüler-reaktion
„Ich hoffe, er hat es kapiert, beim nächsten Mal poliere ich ihm sonst die Fresse!"

Haltung

A) direkte Konfrontation
B) Konfrontation zu einem späteren Zeitpunkt:

Leitsatz: Jeder ist für sein Tun/Lassen selbst verantwortlich!

____

____

____

____

Interaktionskette:

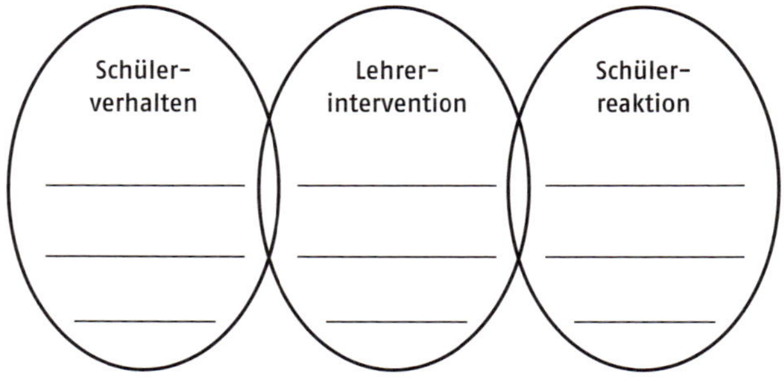

Haltung

Konfrontation ...

____

____

____

____

____

____

3.11 Pädagogische Erlaubnisse bei Antreiber-Verhalten von Schülern

Ihrer oftmals starken inneren Belastung versuchen Schüler mit Verhaltensauffälligkeiten mit unterschiedlichen, eher unbewussten Strategien zu begegnen. Sie setzen diese Antreiber-Verhaltensweisen als scheinbar einzige Möglichkeit ein, dem inneren und äußeren Druck zu begegnen. Tatsächlich verstärken die Verhaltensweisen jedoch den inneren Druck, anstatt diesen zu entlasten.

Haltung

In der Transaktionsanalyse werden fünf Antreiber beschrieben: „Sei perfekt!", „Beeil' dich!", „Sei gefällig!", „Sei stark!" und „Streng dich an!". Sie enthalten Strategien, die durch elterliche Handlungsanweisungen in Konfliktsituationen von den Kindern im Verlauf der frühen Sozialisation verinnerlicht wurden (Preukschat 2003).

Obgleich die elterlichen Gebote dem Kind dazu dienen sollten, gut durch das Leben zu kommen, können die Antreiber in der Schule einschränkend wirken. Dennoch folgen Schüler weiter diesen Strategien, solange sie nicht über andere Denkkonzepte verfügen (Schlegel 1984).

Neben dem Umgang mit äußeren Konflikten haben Antreiber auch die Funktion der Entlastung von verinnerlichten Elternbotschaften, nicht okay zu sein: Wenn ich mich nur genug anstrenge, perfekt bin usw., dann kann ich auch okay sein, sonst nicht! Durch die Kombination von möglichen fachlichen oder sozialen Misserfolgen und innerer Bedrohung, sich als Person als „nicht-okay" zu erleben, wird Lernen zu einer Stresssituation (Preukschat 2003).

Durch die Zuspitzung des inneren Drucks können sich bei Schülern unflexible und automatisierte Lern- und Verhaltensmuster noch mehr verfestigen.

Pädagogische Erlaubnisse sind Lehrerbotschaften, die den Schüler darin unterstützen, den inneren Druck zu lockern, den aktuellen Kontext realistisch wahrzunehmen und durch diese Differenzierung besser lernen zu können. Sie unterstützen stets ganz allgemein eine entspannte Klassenatmosphäre.

Praxis

Der „Sei-perfekt!“-Antreiber wird von Eltern mit einem übertriebenen Leistungsanspruch vermittelt. Sind Eltern nur mit herausragenden Leistungen zufrieden, so sind sie in Gefahr, negativ kritisch auf Misserfolge des Kindes zu reagieren. Auf dessen Schulschwierigkeiten folgen dann unverhältnismäßige Sanktionen oder es werden dem Kind zusätzliche Übungseinheiten auferlegt, die zusätzlichen Stress bewirken. Das Kind lernt, dass nur hundert Prozent zählen und weniger nichts wert ist. Solche Schüler haben dann keine innere Erlaubnis für Fehler; vielmehr sind Fehler eine Bedrohung. Dadurch können sich Antreiber-Verhaltensweisen entwickeln, die das Lernen erschweren. Denn Schüler, die eine perfekte Leistung erbringen müssen,

- beginnen nicht mit Aufgaben,
- zerreißen Arbeitsblätter,
- schreiben langsam und überprüfen zudem alles mehrfach,
- hören mit dem Arbeiten (z. B. bei Tests) plötzlich auf,
- schreiben mit angespannten Muskeln z. B. der Unterarme,
- schütteln häufig den Kopf beim Bearbeiten der Aufgaben,
- melden sich nicht aus Angst vor fehlerhafter Antwort,
- weinen bei Leistungsanforderungen oder nach Misserfolgen und
- zeigen autoaggressives Verhalten.

Die Lehrerbotschaft, dass Fehler normal sind und ohne sie gar nicht gelernt werden kann, kann diese Schüler entlasten und entspannen. Dies umso mehr, wenn Lehrkräfte offen und ggf. humorvoll mit den eigenen Fehlern umgehen.

Ermutigende nonverbale Beziehungsäußerungen von Lehrkräften nach Schülerfehlern unterstützen die Botschaften, z. B. ein freundlicher Blick nach einer falschen Antwort. Dies bietet Schülern die Versicherung, dass weder ihre Person tangiert noch die Festigkeit der Beziehung von Fehlern und Misserfolgen beeinflusst wird.

„Es geht um die Haltung, dass Fehler im Aufbau einer Wissen- und Könnensarchitektur in einem Sachbereich oder im Strategiegebrauch lange, ja sehr lange, keinen defizitären Charakter haben dürfen“ (Oser/Spychiger 2005, 119).

Neben einem akzeptierenden Umgang mit Fehlern lassen sich Schüler z. B. über folgende Erlaubnisse entlasten:

- Priorität der Mühe vor den Ergebnissen (Kap. 3.4),
- Priorität der sozialen vor der fachlichen Ebene, z. B. „Du brauchst nicht alle Aufgaben schaffen, wichtiger ist mir, dass du leise lernst." und
- Reduktion/Eingrenzung von Erwartungen, z. B. „Ich korrigiere später nur die Groß- und Kleinschreibung."

Der „Beeil-dich!"-Antreiber wird von Eltern vermittelt, die ihren Kindern permanent Zeitdruck machen und sie schon früh von Termin zu Termin schleppen. Auch Eltern, die ihren Kindern wenig Struktur und Rituale bieten, erschweren ihnen, sich auf eine Situation zu konzentrieren und bei einem Thema zu bleiben. Die Kinder erfahren nicht, dass etwas im Hier und Jetzt wertvoll ist, es sich lohnt, sich dafür Zeit zu nehmen, bei etwas zu verweilen und eine Sache zu beenden.

Da Schülern dann die innere Erlaubnis fehlt, sich für eine Aufgabe genügend Zeit zu nehmen und sie sorgfältig zu erledigen, können sich z. B. Antreiber-Verhaltensweisen entwickeln, die das Lernen erschweren. Denn Schüler, die sich beeilen müssen,

- wollen ihre Aufgaben möglichst schnell erledigen,
- schreiben sehr schnell,
- überprüfen Inhalte nicht,
- sind häufig die Ersten, die einen Test abgeben,
- denken nach einer Lehrerfrage nur kurz nach, melden sich schnell (Konzept: Gut ist, wenn ich schnell bin!),
- stellen Fragen zu Situationen, die erst später kommen,
- hören nicht aufmerksam zu, sondern schauen umher und
- werden unruhig und nervös, wenn sie warten müssen.

Zur Entlastung dieser Schüler tragen nacheinander und schrittweise vollzogene Lernsituationen bei, die nicht parallel mit anderem ablaufen. Bei zu viel äußerer Unruhe lassen sich bewusst das Sprachtempo reduzieren und eine Sprachpause einlegen. Durch Pausen nach der Lehrerfrage lernen Schüler, sich mehr Zeit zum Nachdenken zu nehmen. Erlaubnisse, die Schülern mehr Ruhe vermitteln, können z. B. sein:

- Zeit geben durch Entschleunigung, z. B. „Bevor wir gleich darüber sprechen, kommt zur Ruhe und denkt nach."
- Priorität der Sorgfältigkeit vor Schnelligkeit, z. B. „Mir ist heute wichtiger, dass du auf ein sorgfältiges Schriftbild achtest und weniger, dass du fertig wirst."
- paradoxe Aufträge, z. B. „Schreibe die nächsten 20 Minuten nur halb so schnell wie dein gewohntes Tempo."

Bei dem „Sei-gefällig!"-Antreiber fühlen sich Kinder zu verantwortlich für das Wohlergeben des Gegenübers. Solch ein Kind hat gelernt, dass es eine Möglichkeit gab, die Zuwendung und Wertschätzung der Eltern zu erringen:

„Wenn es ganz brav war, ganz besonders hilfsbereit und die Erwartungen an sein Verhalten mindestens erfüllt, wenn nicht gar übertroffen hatte, dann wurde es gelobt und erst dann wurden vielleicht auch seine eigenen Wünsche einmal berücksichtigt" (Dehner/Dehner 2013, 180).

Das Grundthema besteht in der Anpassung, die zu einer Strategie wird, um die benötigte Zuwendung zu erhalten. Denn Schüler, die anderen gefallen müssen,

- sind stark auf die Lehrkraft fixiert,
- suchen dabei ständig nach einer Chance, etwas für sie tun zu können,
- sind bei Problemen von Mitschülern stets zur Stelle,
- haben Sorgen/Ängste vor den Reaktionen bei Fehlern,
- ordnen sich Mitschülern bei Entscheidungen unter,
- machen Probleme eher mit sich selbst aus und
- statt sich anderen mitzuteilen, ziehen sie sich nach innen zurück.

Für diese Schüler besteht die Herausforderung und Chance, in der Schule zu lernen, sich von anderen abzugrenzen und wahrzunehmen, dass die eigenen Bedürfnisse, Interessen und Meinungen mindestens genauso wichtig sind wie die der anderen und dass sie ein gutes Recht haben, so sein zu können, wie sie sind.

Grundlage eines hilfreichen pädagogischen Umgangs ist das Anerkennen der Person des Schülers und Unterlassen des Aufbürdens der eigenen persönlichen Befindlichkeit, z. B. „Ich bin enttäuscht von dir!" oder „Wenn du es jetzt noch so machen würdest, dann wäre ich richtig glücklich!".

Danach könnten Schülern, die stark einem „Sei-gefällig!"-Antreiber folgen, folgende Erlaubnisse angeboten werden:

- Ermutigung zur offenen Selbstmitteilung, z. B. „Was sind deine Gedanken zu unserem Umgang in der Klasse?", „Was denkst du über ...", „Wie fühlt es sich für dich an?",
- Angebot der Stopp-Regel, z. B. „Es ist dein gutes Recht, deine persönliche Grenze zu markieren und ‚Stopp!' zu sagen." (Anmerkung: Eine Grenze ist der Körper des anderen, der nicht einfach angefasst werden darf. Diese Körpergrenze sollte Schülern deutlich vermittelt werden.)
- Unterbrechen der Überfürsorge des Schülers gegenüber Mitschülern oder der Lehrkraft, z. B. „Das ist hilfsbereit von dir, doch bleibe mehr bei dir und deinen Aufgaben." und
- mit Kulanz reagieren bei ungewöhnlichem rebellischen Verhalten des Schülers und es sogar verstärken, z. B. „Es ist völlig okay, wenn du dich mal schwieriger verhältst!"

Fazit

Die Beschäftigung mit Antreibern zeigt wieder einmal, dass Schulerziehung und familiäre Erziehung nicht identisch sein können.

Je entspannter Schüler innerlich sind, desto wirksamer können sie lernen. Für diese Entspannung benötigen immer mehr Schüler Lehrerbotschaften, die ihnen einen stressfreieren Zugang zu Lerninhalten ermöglichen.

Das Wissen um Antreiber und entlastende Erlaubnisse kann auch helfen, das Verständnis in Bezug auf das emotionale Erleben eines Schülers zu erweitern, z. B. muss ein Schüler, der einen Text nicht beginnen will, weniger als „faul" oder „unmotiviert" verstanden und bezeichnet werden. Vielmehr kann die Blockade als Folge eines „Sei-perfekt!"-Antreibers reflektiert werden. Dadurch bietet sich eine hilfreiche Reaktion der Lehrkraft an, statt die inneren Blockaden des Schülers selbst noch zu verstärken.

Auf die verbleibenden Antreiber „Sei stark!" und „Streng dich an!" wird in der folgenden Übung und in Kapitel 4.2 eingegangen.

Antreiber-Verhalten von Schülern

1. Sie können die Verhaltensweisen Ihrer Schüler entsprechend der drei zuerst aufgeführten Antreiber reflektieren und denkbare Erlaubnisse notieren.
2. Lesen Sie nun die Kurzbeschreibungen der Antreiber „Streng dich an!" und „Sei stark!". Sie können für diese Antreiber Erlaubnisse notieren, z. B. indem sie an einen Schüler denken, der dieses Antreiber-Verhalten zeigt.

Sei gefällig!
Kurzbeschreibung: Das Kind fühlt sich verantwortlich dafür, dass sich der andere wohlfühlt. Nur wenn es brav und besonders hilfsbereit war, hat es Zuwendung und Wertschätzung von den Eltern erhalten. Die Anpassung wird zu einer Überlebensstrategie, um die dringend benötigte Zuwendung der Erwachsenen zu erhalten.
Ein Schüler mit diesem Antreiber-Verhalten ist … __________
Diesen Schüler könnte die Erlaubnis entlasten … __________

Streng dich an!
Kurzbeschreibung: Dem Kind wurde vermittelt, dass es nur dann etwas geleistet hat, wenn es sich für den Erfolg aber so richtig angestrengt hat. Da Kinder den Erwachsenen dann stets die Anstrengung zeigen müssen, fordern sie als Schüler von der Lehrkraft Zusatzaufgaben ein oder versuchen aus allem eine Konkurrenzsituation herzustellen.
Ansätze für Erlaubnisse ▶ Aufgabenmenge begrenzen, bewusst Pausen einlegen lassen ▶ kooperative Lernformen, kooperative Spiele, Helfertätigkeiten ▶ __________ ▶ __________

Sei perfekt!

Kurzbeschreibung:
Eltern, die von ihrem Kind immer mehr einfordern und ihre Zuwendung mit den Leistungen verknüpfen, setzen das Schulkind mit ihrem Anspruch unter Dauerstress.

Ein Schüler mit diesem Antreiber-Verhalten ist ...

____

Diesen Schüler könnte die Erlaubnis entlasten ...

____

Sei stark!

Kurzbeschreibung:
Dem Kind wurde beigebracht, dass es keine Schwächen zeigen darf. Der Schüler empfindet es daher als Niederlage, wenn ihn andere unsicher, ängstlich, traurig, mit Schwächen wahrnehmen.

Ansätze für Erlaubnisse
- Vorbild sein, z. B. offen und gelassen mit eigenen Schwächen und Fehlern umgehen
- Gespräche über „Stärken und Schwächen", „angenehme und unangenehme Gefühle"
- ____
- ____

Beeil dich

Kurzbeschreibung:
Kindern wurde ein hektisches Lebensgefühl vermittelt. Die Gedanken und Gefühle des Kindes sind nicht voll auf die gegenwärtige Situation ausgerichtet, sondern damit beschäftigt, was kommen wird.

Ein Schüler mit diesem Antreiber-Verhalten ist ...

____

Diesen Schüler könnte die Erlaubnis entlasten ...

____

____

3.12 Pädagogische Führung bei Schülern mit Verhaltensauffälligkeiten

Eine zentrale Fähigkeit einer Lehrkraft ist die Fähigkeit, Schüler zu führen. Pädagogische Führung beschreibt den Prozess der bewussten Anregung, um den Schülern Fachinhalte und Inhalte des sozialen Lernens wirksam zu vermitteln und Prozesse hilfreich zu steuern.

Haltung

Mit Eric Berne (1979) lässt sich die Schulklasse als eine Gruppe definieren, die sich über eine äußere (Schüler/nicht Schüler) und eine innere Grenzlinie (Leitung der Gruppe/nicht Schüler) strukturiert. Diese beiden Grenzlinien stellen die Hauptstruktur dieser Gruppe dar (Abb. 14).

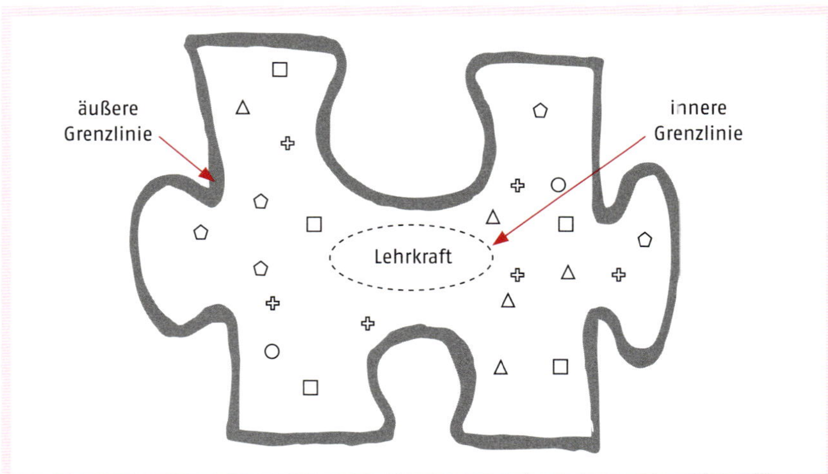

Abb. 14: Strukturen einer Schulklasse

Die innere Grenze repräsentiert jene Faktoren, die eine deutliche Unterscheidung zwischen Lehrkraft und Schülern ausmachen. Diese Grenze mithilfe der Klassenordnungsstrukturen zu gewährleisten, ist die wichtigste Aufgabe der Klassenführung.

Kerninhalte professioneller Klassenführung sind Planung, Organisation und Durchführung von ritualisierten und regelgeleiteten Unterrichtsabläufen, die Störungen vorbeugen und die Voraussetzung dafür schaffen, dass Schüler die Lerninhalte aufnehmen können. Um dies zu ermöglichen, müssen Schüler zunächst einmal die Informationen der Lehrkraft angemessen aufnehmen. Dafür müssen sie die Lehrkraft als Autoritätsperson wahrnehmen.

Wie bereits beschrieben, braucht Erfolg im Unterricht einen Lehrerstil, der die positive Seite der Haltung, Sachlichkeit, Fürsorge und Konfrontation miteinander verbindet. Ein zu einseitiges Lehrerverhalten (z. B. nur freundlich oder nur streng) reicht nicht aus, um die Gruppenprozesse in einer Klasse erfolgreich zu steuern.

Die Strichelung der inneren Grenzlinie (Abb. 14) symbolisiert die Fähigkeit der Lehrkraft, durch eine Führung wohlwollender Distanz mit Schülern in Beziehung zu sein und gleichzeitig die Grenzen zu wahren.

Der folgende Praxisteil beschreibt anhand der Prinzipien der Polarität und Stellvertretung konkrete Methoden der Führung einer Klasse und einzelner Schüler.

Praxis

Der erste Schritt zur erfolgreichen Klassenführung ist die Fähigkeit und Bereitschaft der Lehrkraft, die aktuellen Spannungszustände im Unterricht wahrzunehmen, zu verstehen und zielführend zu steuern.

Dafür ist das Prinzip der Polarität grundlegend. Laute Klassen sind in Richtung Arbeitsruhe, undisziplinierte in Richtung Disziplin, Klassen mit einem defensiven Lernklima in Richtung zu mehr Entspannung und Lernfreude zu führen. Führung kann also als Unterstützung des Prozesses von der einen Seite der Polarität zur anderen verstanden werden (Kap. 1.5), von einem Ist- zu einem Soll-Zustand. Diese Sicht des Veränderungsprozesses kann helfen, ihn zu verstehen, durchzuführen und später zu reflektieren (Tab. 4).

Tab. 4: Klassenführungspraxis

Klassenführung mithilfe des Polaritätsprinzips	Beispielhafte Methoden der konkreten Steuerung
Der Stundenbeginn ist durch eine laute Klasse erschwert. Polarität: lauter Unterrichtsbeginn – leiser Unterrichtsbeginn Einschätzung des Ist-Zustandes auf einer Skala von 0 (sehr laut) bis 10 (sehr leise), hypothetisch 2	1. Strukturierter Unterrichtseinstieg: Die Schüler betreten nur in 4er-Gruppen den Klassenraum und müssen sich leise an den Platz begeben. Dauer: vier Wochen 2. Nach diesen vier Wochen: Klassengespräch über das Ergebnis. Evaluation nach acht Wochen: hypothetisch 7, Führungsprozess +5
Mehrere Schüler stören den Unterricht trotz Melderegeln durch das Hereinrufen ihrer Antworten. Polarität: lautes Reinrufen – leises Melden Einschätzung des Ist-Zustandes auf einer Skala von 0 (häufiges lautes Reinrufen) bis 10 (häufiges leises Melden der Schüler), hypothetisch 4	1. Klassenziel: „Leise Melden" Die Melderegel wird über das „Feld der Fähigkeiten" verstärkt geübt. Dauer: etwa vier bis sechs Wochen 2. Unterrichtsfokus: Konfrontation und Bestärkung in Bezug auf Meldeverhalten Evaluation nach sechs Wochen: hypothetisch 8, Führungsprozess +4
Uwe stört durch sein albernes Verhalten den Unterricht. Polarität: albernes Verhalten – ernsthaftes/konzentriertes Verhalten Einschätzung des Ist-Zustandes auf einer Skala von 0 (sehr albern) bis 10 (sehr ernsthaft/konzentriert), hypothetisch 3	1. Enge disziplinarische Führung Uwe erhält nur einen Lehrerimpuls, z. B. „Zuhören", dann eine Verhaltenskonfrontation, danach eine Ermahnung plus Wahlmöglichkeit, z. B.: „Deine Aufgabe ist es, das Arbeitsblatt leise zu bearbeiten. Bei der nächsten Albernheit gebe ich dir eine Auszeit/setze ich dich hinten an den Extratisch/arbeitest du es in der großen Pause nach plus die Aufgabe zum Verhalten!" Evaluation nach acht Wochen: hypothetisch 5, Führungsprozess +2

Bei der Arbeit mit dem Polaritätsprinzip wird auffälligem Verhalten mit einer annehmenden Haltung begegnet, ohne es zu tolerieren (Kap. 1.5).

Mit dem Verzicht einer Verurteilung der Schüler drücken wir aus, dass wir das Verhalten nicht persönlich nehmen und betonen dann die Verantwortung für eine Verhaltensveränderung.

Im Kapitel 3.2 wurde beschrieben, dass bei Schülern mit Verhaltensauffälligkeiten oft noch irrationale Zustände (K) die Entscheidungen und damit das Verhalten steuern. Da ihre inneren Strukturen instabil sind, benötigen sie stabilisierende Angebote durch die Lehrkraft. Die folgenden Überlegungen zur individuellen Führung von Schülern mithilfe des Prinzips der Stellvertretung zielen auf die innere Stabilisierung und Unterstützung der Fähigkeit zur inneren Steuerung eines Schülers ab. Sie folgen der Frage, wie diese Schüler verantwortungsvolle Entscheidungen und Handlungen zunehmend erlernen können.

Führung durch das Prinzip der Stellvertretung bedeutet, dass Lehrkräfte zunächst durch ihr Vorbild bestimmte Haltungen und Verhaltensweisen vertreten. Hilfreiche emotionale und soziale Fähigkeiten werden von der Lehrkraft möglichst eindeutig, standfest und geduldig betont. Bei der Voraussetzung einer guten Lehrer-Schüler-Beziehung besteht eine hohe Wahrscheinlichkeit, dass der Schüler das Bild der Lehrkraft (Vorbild!) schrittweise übernimmt und integriert.

Werden emotional-soziale Kompetenzen durch Lehrkräfte stellvertretend besetzt, können sie auf Basis der Motivation des Schülers und seiner Entscheidung zur Nachahmung in der Folge verstärkt werden. Das Maß der Wirksamkeit der Stellvertretung entspricht dem Maß der guten Beziehung, die der Schüler zu der Lehrkraft hat.

Lehrkräfte, die Schüler aufgrund von Verhaltensauffälligkeiten „links liegen lassen", reduzieren deren Entwicklungsmöglichkeiten, da sie das Stellvertretungsprinzip vernachlässigen. Schülern fehlt dann die innere Stabilität und Stärkung durch die Lehrkraft, die sie als Voraussetzung für Veränderungen benötigen.

Die Praxisunterstützung durch die Prinzipien von Polarität und Stellvertretung zeigt Tabelle 5.

Tab. 5: Polarität und Stellvertretung

Denkmodell der Führung → Polaritätsprinzip	Konkrete Steuerung → Stellvertretungsprinzip
Mesut schlägt und tritt Mitschüler, wenn er sich provoziert fühlt. Polaritäten: Gewaltverhalten als Problemlösung → friedfertige Problemlösungen **Denkbare Schritte des Lernprozesses in Richtung hilfreicher Seite:** 1. „Hör' auf!" sagen; weggehen 2. Stoppregel nutzen; weggehen 3. auf Provokation gelassen reagieren, z. B. Ärger ansprechen oder dem Gegenüber eine Frage stellen, es aber nicht mehr persönlich nehmen	**→ Vorbild sein im Umgang mit Verärgerung:** „Ich-„ statt „Du- Botschaften" senden, z. B. „Es ärgert mich, wenn du deine Mitschüler unterbrichst. Bitte warte auf den richtigen Moment." **→ Betonung der Stopp-Regel:** Rollenspiele zur Einübung der Stopp-Regel in drei Schritten mit der Klasse, einmalig mit Mesut in einer Einzelsituation; Stärkung der Priorität: „Mir ist wichtig, dass du ‚Hör' auf!' sagst oder versuchst, die drei Stopp-Regel-Schritte zu nutzen!" **→ Prozessbegleitende Konfrontation und Bestärkung:** Verhaltenskonfrontation: „Du hast ihn getreten!" Lösungsmöglichkeiten: „Welche Alternativen kennst du dazu?", „Wie/Wann kannst du die Alternative jetzt nutzen?" Bestärkung der Mühe: „Klasse, dass du in der Pause die Stopp-Regel richtig angewendet hast!" **→ Einzelgespräch mit Mesut:** „Wenn dich jemand provoziert, bist du damit gemeint?", „Wenn du denjenigen schlägst, wer hat gewonnen?", „Kennst du jemanden, aus deinem Umfeld, der bei einer Provokation cool bleiben kann?"

Ein wichtiges Ziel des emotionalen Lernens bei Schülern mit Verhaltensauffälligkeiten ist das Abgrenzungslernen. Abgrenzungslernen bedeutet, dass der Schüler lernt, zu seinen unangenehmen Gefühlen (Ärger, Trauer, Angst) oder Körperempfindungen (z. B. innere Unruhe, Unkonzentriertheit, Albernheit) etwas Distanz zu gewinnen und sich dadurch besser steuern zu lernen. Diese inneren Zustände des Schülers sind nicht negativ, doch ist es bedeut-

Tab. 5: Polarität und Stellvertretung (Fortsetzung)

Denkmodell der Führung → Polaritätsprinzip	Konkrete Steuerung → Stellvertretungsprinzip
Kevin (Kap. 3.1) zeigt Wutanfälle, die eskalieren (z. B. schlägt er wild um sich und zerstört Gegenstände). **Polaritäten:** unkontrolliertes Ausagieren von Emotionen → Steuerung von Wut im Konflikt **Denkbare Schritte des Lernprozesses in Richtung hilfreicher Seite:** 1. eigene Gefühle wahrnehmen, 2. bei aufsteigender Wut eine besprochene Möglichkeit nutzen, 3. bei akuter Wut sich selbst „Stopp!“ sagen und eine der Handlungsmöglichkeiten nutzen	**→ Gespräch der Klassenlehrkraft mit Schülern zum Thema „Gefühle“:** Lk: „Ich kann verstehen, dass deine Wut manchmal so stark ist, dass sie bei dir die Steuerung übernimmt. Ich glaube, du kannst es lernen und schaffen, das Steuer selbst zu übernehmen.“ → „Kevins Gefühlethermometer“: Kevin erhält eine vierstufige Skala, die auf seinem Tisch klebt. Sie reicht von „Es geht mir gut. Ich bin entspannt.“ (Stufe 1), bis „Ich platze gleich vor Wut.“ (Stufe 4). Die Lehrkraft spricht ihn jeden Schultag an: „Horche kurz nach innen. Was nimmst du dort wahr?“ → Bei der Stufe 3 („Die Wut steigt bei mir hoch.“) erhält Kevin die Möglichkeit, im Auszeitraum für fünf Minuten zu kneten. Die Lehrkraft lobt ihn dafür: „Du hast deine Wut wahrgenommen und dann hast du sie gesteuert. Klasse, Kevin!“ → Die Lehrkraft betont die Bedeutung, sich selbst ein „Stopp!“ zu setzen. Sie übt dies mit Kevin. Für „Wutsituationen“ in der Pause werden mit Kevin zwei Anlaufplätze besprochen, die er „unbedingt ansteuern“ soll. Ein Platz ist ein Stuhl im Flur, der andere das Lehrerzimmer, um die Klassenlehrkraft „anzusteuern.“

sam, dass der Schüler lernt, sich von ihnen abgrenzen zu können und mit diesen Spannungen verantwortungsvoll umzugehen. Dieses Abgrenzungslernen kann für Schüler schrittweise ein Weg sein, zu lernen, die Verantwortung für das eigene Tun oder Lassen stets neu zu übernehmen. Lehrkräfte können diesen Lernprozess beim Schüler über Fragen und Aufforderungen fördern, die ihm die Möglichkeit einer inneren Steuerung bewusster machen.

Beispielhafte Lehrerimpulse für die Situation, wenn die emotionale Ebene eines Schülers seinen Lernprozess hemmt.

- Schüler findet die Aufgabe zu anstrengend: „Wie kannst du diese Anstrengung nun unternehmen?" oder „Der Schritt für dich ist, diese Anstrengung zu unternehmen! Je öfter du das schaffst, desto leichter wird es für dich."
- Schüler verhält sich im Unterricht albern: „Wie kannst du den albernen Teil von dir im Unterricht steuern lernen?" oder „Deine Albernheit ist grundsätzlich okay. Du musst nun lernen mit diesem Zustand im Unterricht verantwortungsvoll umzugehen. Wie?"
- Schüler ist verärgert, trotzig usw.: „Wie kannst du dich von dem Ärger/Trotz jetzt etwas abgrenzen?" oder „Ich verstehe, dass du noch/manchmal verärgert bist. Du kannst jetzt/im Unterricht lernen, dich davon abzugrenzen und auf das Lernen einzustellen."
- Schüler ist unkonzentriert: „Wie kannst du die Konzentration in dir stärken?" oder „Lass uns gemeinsam daran arbeiten, wie wir Schritt für Schritt deine innere Konzentration verstärken."

Die nun folgenden Praxisbeispiele zeigen, wie sich zur Unterstützung des Abgrenzungslernens von Schülern eine Stellvertretung in den Dialog mit dem Schüler einbringen lässt. Im ersten Beispiel ist dies der „konzentrierte Teil" des Schülers. Durch die Kommunikation der Lehrkraft gibt es nun einen konstruktiven Teil des Schülers, der die Möglichkeit eines konzentrierten Lernens vertritt.

Lukas (2. Klasse) fängt in der Stillarbeit an zu kippeln, schneidet mit der Schere ein Stück vom Radiergummi ab, dreht sich dann nach hinten um und sagt: „Gemüse, Gemüse." Lukas lacht. Die Lehrkraft geht zu ihm und sagt: „Lukas, bleib bei den Aufgaben." Lukas: „Ich kann nicht, ich bin hibbelig!" Lehrkraft: „Ja, das sehe ich. Bei dir hat gerade der unruhige Teil von dir die Steuerung. Kannst du die Unruhe nun wieder beiseite stellen und dich auf das Lernen konzentrieren?" Lukas: „Nee, glaub' nicht."

Lehrkraft: „Okay. Nimm dir jetzt eine Fünf-Minuten-Pause und versorge deinen konzentrierten Teil mit neuer Energie. Nimm dir dafür die Pause."

Für die Lernbereitschaft und -fähigkeit ist die Einbettung des Schülerbegriffs in die Lehrersprache hilfreich. Dabei werden Konzentration, Verantwortung, Rücksichtnahme (Er) usw. dem „Schüler" zugesprochen und z. B. impulsives oder albernes Verhalten (K) dem Kind. Dieses Verhalten ist wiederum nicht negativ, passt jedoch nicht in die meisten Unterrichtssituationen.

Im folgenden Fallbeispiel macht die Lehrkraft der Schülerin für ihren inneren Konflikt „Spaß haben oder lernen" mithilfe der Betonung ihrer Schülerrolle das Angebot, sich von ihren kindlichen Impulsen abzugrenzen, dadurch ihr Verhalten unterbrechen zu können und sich wieder neu für das Lernen in der Klasse zu entscheiden.

Nele lacht im Unterricht und kommentiert die Äußerungen von Mitschülern. Lehrkraft: „Denkst du an die Regeln?" Nele: „Ja, wieso, ich arbeite doch." Lehrkraft (etwas strenger): „Nele. Dein albernes Verhalten stört den Unterricht und hilft auch dir nicht beim Lernen! Ich vermute, dass du das als Schülerin der achten Klasse auch weißt. Übergib das Steuer mal an die Achtklässlerin und arbeite so, wie ich es von dir kenne." Nele: „Okay, ich passe besser auf."

Schüler verwenden gerne Metaphern wie: „Ich versuche, beim nächsten Mal auf die Bremse zu treten.", „Okay, ich schalte jetzt einen Gang runter." oder „Ich brauche dringend eine Abkühlung." Diese Symbole für die innere Steuerung können aufgenommen und für das Abgrenzungslernen genutzt werden.

Abgrenzungslernen kann auch über eine Verdeutlichung der Erwartungen unterstützt werden in Verknüpfung mit der Unterscheidung zu vergangenen Alters- oder Klassenstufen.

Die Klassenlehrkraft der Eingangsstufe unterbricht, nachdem Schüler den Arbeitsauftrag nörgelnd kommentieren, den Unterricht. Lehrkraft (leicht streng): „Ich kann verstehen, dass für euch diese Aufgaben anstrengend sind. Das ist okay und normal. Ihr seid jetzt aber Schulkinder und da gehören auch anstrengende Aufgaben dazu. Kindergartenkinder können noch mehr spielen und leichte Sachen machen und auch öfter nörgeln. Als Schulkind bei einer Aufgabenstellung der Lehrkraft laut zu nörgeln, ist nicht mehr angemessen."

Fazit

Beziehungskompetenzen befähigen die Lehrkraft, notwendige Verhaltensweisen von Schülern über das Einsetzen ihrer Autorität herbeizuführen. Auch das Öffnen von Räumen für eigenständige Entscheidungen der Schüler und die Erlaubnis, sich ab und zu von der freien, spontanen, auch mal frechen Seite zeigen zu können, gehören zu dieser erfolgreichen Führung als Beziehungsfähigkeit dazu. Auf der Grundlage einer guten Beziehung lernen Schüler gerne, sich anzustrengen, wenn es dann wieder eingefordert wird.

Pädagogische Führung bei Schülern mit Verhaltensauffälligkeiten ist ein Beziehungsprozess, der mit der Annahme des „schwierigen" Schülers beginnt und ihn dann in Richtung des Lern- und Entwicklungserfolges begleitet. Durch die ihn unterstützende Stellvertretung der Lehrkraft kann er neue, befreiende und bereichernde Modelle des Denkens, Fühlens und Handelns erwerben.

Zusätzlich zum stabilisierenden und stärkenden Vorbild der Lehrkraft können dem Schüler weitere Stellvertretungen angeboten werden (z. B. Schüler, konzentrierter Teil oder „großer Dominik"). Durch sie kann er schulische Fortschritte zuordnen (z. B. dem Schüler) oder bei einem inneren Konflikt eine vernunftmäßige Entscheidung treffen (z. B. selbst den konzentrierten Teil oder „großen Dominik" zu unterstützen). Die Erfahrungen zeigen, dass je stabiler und stärker Schüler mit Verhaltensauffälligkeiten innerlich werden, desto eher tragen sie dann Verantwortung für ihr äußeres Verhalten.

Pädagogische Führung

1. Übung 1: Sie können für eine schwierige Klasse von Ihnen zwei Pole festlegen. Der linke Pol steht für die Störung des Lernprozesses (Ist-Zustand), der rechte für das Zielverhalten (Soll-Zustand). Markieren Sie nun den Ist-Zustand. Überlegen Sie sich dann konkrete Steuerungsinstrumente für den Veränderungsprozess im Unterricht in Richtung der hilfreichen Seite.
2. Übung 2: Sie können für einen schwierigen Schüler von Ihnen ebenfalls zwei Pole festlegen. Markieren Sie nun den Ist-Zustand. Notieren Sie, was der Schüler für einen erfolgreichen Lernprozess lernen sollte. Sie können dafür konkrete Steuerungsinstrumente entwickeln und diese ggf. umsetzen.

Führung des Klassenverbundes

Pol A: ______________________ Pol B: ______________________

Konkrete Steuerungsinstrumente:

____

____

Führung eines einzelnen Schülers

Pol A: ______________________ Pol B: ______________________

Lernschritte von A nach B:

____

____

Konkrete Steuerungsinstrumente:

____

4 | Entlastung und Lehrergesundheit durch Beziehung

Der Lehrerberuf ist einer der psychisch anstrengendsten Berufe überhaupt. Am eindringlichsten zeigt das die Potsdamer Lehrerstudie (Schaarschmid 2005), die verschiedene, besonders beanspruchte Berufsgruppen verglichen hat. Die Lehrergruppe bestand aus 8000 Lehrkräften. Als Vergleichsgruppe wurden Berufe herangezogen, die ebenfalls einen ständigen und verantwortungsvollen Umgang mit Menschen und ebenfalls eine hohe psychosoziale Beanspruchung haben. Zu der Vergleichsgruppe gehören demnach Berufe innerhalb z. B. des Strafvollzugs, der Polizei, der Feuerwehr und der Heimerziehung.

Das Ergebnis der Studie ist, dass Lehrkräfte aufgrund der von allen Berufsgruppen kompliziertesten Arbeitssituation das höchste gesundheitspsychologogische Risiko all dieser Berufe haben mit Folgen für das seelische Gleichgewicht.

Vermutlich werden die Belastungen im Lehrerberuf weiter ansteigen. Deshalb sollte für Fragestellungen zur Schul- und Unterrichtsentwicklung die Berücksichtigung der aktuellen Belastungssituation des Lehrerpersonals eine hohe Priorität haben und darf nicht ausgeblendet werden.

In diesem Zusammenhang bietet das folgende Kapitel Anregungen zu einem engagierten pädagogischen Umgang mit Schülern mit Verhaltensauffälligkeiten und deren Eltern bei gleichzeitiger Priorität der notwendigen Entlastung. Diese Entlastung kann dadurch geschehen, dass die alltäglichen Belastungsfaktoren gesehen und ernst genommen werden. Ein möglicherweise stresserzeugender Umgang mit diesen Faktoren kann durch die Weiterentwicklung einer gesunden Selbstbeziehung verändert und dadurch die Belastung verringert werden. Gerade um im Lehrerberuf erfolgreich zu sein, braucht es eine zufriedenstellende Gestaltung der Beziehungsprozesse. Die Voraussetzung dafür ist eine annehmende und gesunde Haltung sich selbst gegenüber.

Eine „gesunde Selbstbeziehung" meint einen möglichst annehmenden, entspannten und lösungsorientierten Umgang mit sich selbst.

In dem Maße, wie sich diese Beziehung entwickelt, verändern sich dann die äußeren Beziehungen.

Bitte verstehen Sie die Inhalte (Kap. 4.2. und 4.3) zur Selbstbeziehung als Anregungen meinerseits, entlastende Wege zu sich selbst und anderen im Beruf zu finden. Alle Lehrkräfte, so auch ich, ringen ja darum, erfolgreich den Unterricht zu gestalten und sich dabei Berufszufriedenheit und Kräfte zu erhalten.

4.1 Von Schuldvorwürfen zur Erziehungspartnerschaft

Von der Beliebigkeit zur Zielführung und von der Belastung zur Entlastung

1. Bitte versuchen Sie, sich an ein konstruktives Elterngespräch zu erinnern, das Sie in letzter Zeit geführt haben. Was hat zum guten Gelingen beigetragen?
2. Nehmen Sie sich nun etwas Zeit und lassen Sie Ihre bisherigen schwierigen Elterngespräche in Gedanken vorbeiziehen. Schätzen Sie nun ein, in welchem Maße die folgenden Aspekte für Sie dabei Stressfaktoren waren (stark belastend = 3, belastend = 2, etwas belastend 1, kein Problem = 0). Aspekte, die Sie im Bogen als belastende Faktoren bestimmt haben, könnten solche sein, die Sie für zukünftige Gespräche verbessern könnten.
3. Bitte erinnern Sie sich an eine oder mehrere für Sie eindrückliche Situationen, bei der/bei denen Sie in einer „Klientenrolle" waren, z. B. selbst als Elternteil bei Schulgesprächen, bei einer Beratungsstelle, Rechtsbeistand, o. ä. Welche Faktoren (z. B. Kommunikation des Beraters, Abläufe) waren für Sie hilfreich?

Checkliste zur Analyse von Stressoren in meinen Elterngesprächen	3	2	1	0
A: Ich				
meine Einstellungen, Haltung				
meine Erwartungen an Eltern				
meine Gesprächsstruktur				
meine Gesprächstechniken				
meine Empfindungen, Gefühle				
meine Gedanken, Interpretation/Bewertungen im Geschehen				
meine Lebensgeschichte, Berufserfahrungen, blinde Flecken				
B: Gesprächspartner				
Grundeinstellung				
unrealistische Vorstellungen, Sichtweisen, Wahrnehmung				
überzogene Elternerwartungen in Verbindung mit Druck				
Vielreden, Besserwisserei, Ratschläge				
Vorwürfe, Beschimpfungen, Drohungen				
Antriebslosigkeit, Hilflosigkeit, Schweigen				
lebensgeschichtliche Problematiken, z. B. Krankheit, Armut, Weinen				

Checkliste zur Analyse von Stressoren in meinen Elterngesprächen	3	2	1	0
C: Interaktion				
Spannungen im Raum				
Konflikte im Gespräch				
Diskussion um Schuld				
einseitiger Redeanteil				
sachferne Thematiken				
keine klare Zielführung				
D: Rahmenbedingungen				
ungünstige räumliche Bedingungen, z. B. Lärm				
wenig Distanzierungsmöglichkeit zum Unterricht				
zu wenig Zeit (Zeitdruck)				
Endlosgespräche (ineffektives Arbeiten)				

Viele Lehrkräfte machen die Erfahrung, dass bei Verhaltensauffälligkeiten von Schülern Elterngespräche schwierig und belastend sein können. Je mehr es bei Gesprächen um die Bereiche der Emotionalität und Soziabilität sowie um die lebensgeschichtlichen Hintergründe von Schülern geht, desto weniger gibt es eindeutige Erklärungen, einfache Ratschläge und Lösungen.

Solche Gespräche können mehr und mehr von Ängsten, Frustrationen oder Ärger der Teilnehmer begleitet werden, was sich dann in äußeren Spannungen niederschlagen kann. Bleibt dies unbeachtet oder werden sie durch ungeschickte Kommunikation möglicherweise noch weiter verstärkt, können die Spannungen leicht in Konflikte mit gegenseitigen Vorwürfen oder Rückzug der Eltern münden.

Es kommt immer wieder vor, dass sich solche Konflikte verhärten und Lehrkräfte beschäftigen und belasten (Kap. 4.3). Eine konstruktive Gesprächsführung kann diesem Stress vorbeugen. Hierfür ist der erste Schritt, die professionelle Verantwortung für eine konstruktive Steuerung der Sach- und Beziehungsebene zu übernehmen. Abbildung 15 veranschaulicht die Ausrichtung.

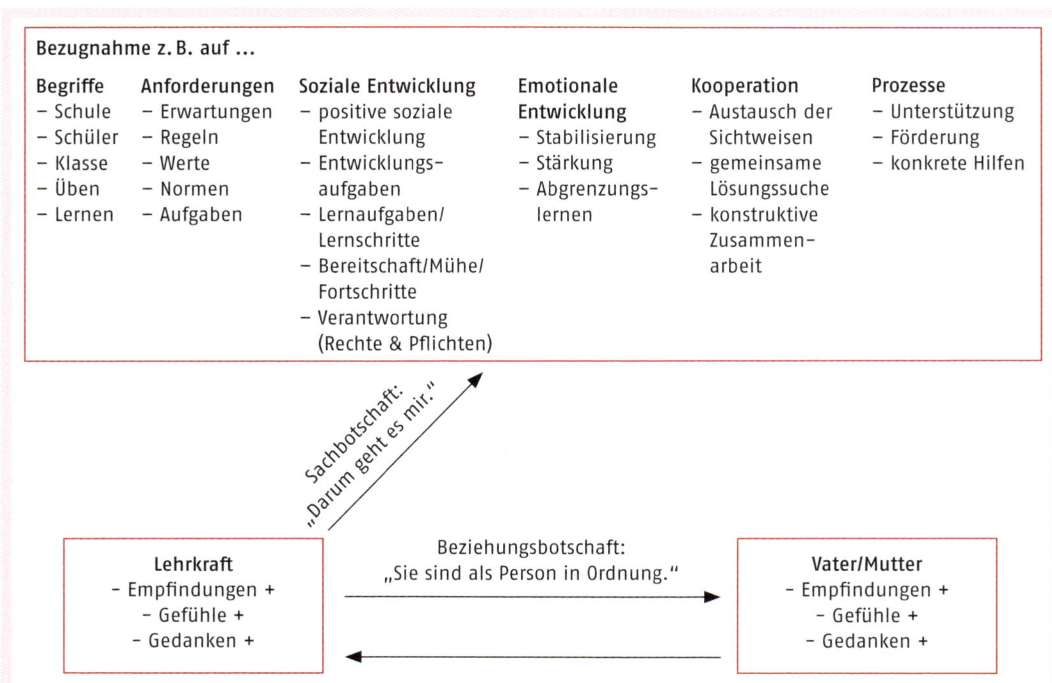

Abb. 15: Steuerung der Sach- und Beziehungsebene

In einem Elterngespräch kann die Lehrkraft bereits bei der Beziehungsaufnahme durch eine freundliche Geste den Eltern ihre Wertschätzung ausdrücken. Es lassen sich ein erfreuliches Erlebnis mit dem Schüler oder positive Aspekte des sozialen Lern- und Entwicklungsprozess des Schülers anschließen. Zur Wertschätzung gehört das Interesse an allen Elterninformationen. Diese sind grundsätzlich wichtig, auch wenn sie zunächst nicht als zielführend erscheinen und sollten deshalb nie abgelehnt und damit entwertet werden. Sie werden stets aufgegriffen und es können neue Informationen daneben gestellt werden.

Insbesondere kann das Engagement der Eltern wertgeschätzt werden sowie der gemeinsame Kooperationsprozess. Wertschätzung begrenzt sich – nach meinem Verständnis – auf das Elternverhalten, Persönliches bleibt grundsätzlich unbewertet – ob positiv oder negativ.

Treten im Verlaufe eines Gespräches bei den Eltern Verstimmungen auf, die sich dann vielleicht auch gegen die Lehrkraft richten, kann sie konsequent bei der Haltung bleiben, dass diese nichts ursächlich mit dem Gegenüber zu tun haben, sondern deren innere Belastung ausdrücken.

Damit auch schwierige Elterngespräche gelingen, ist im Verlauf stets die Beziehungsebene zu stärken und zu stabilisieren. Dies setzt eine Haltung der Anerkennung voraus. Die Lehrkraft verzichtet auf jede Form der Bewertung der Persönlichkeit und des Verhaltens der Eltern. Anerkennung meint eine bedingungslose Achtung der Würde des Menschen. Diese Grundhaltung bietet den Eltern Sicherheit. Auf dieser Basis können Sachthemen dann durchaus auch mal kontrovers ausgetragen werden.

Wichtig ist, sich den Rollenwechsel weg vom Lehrer-Schüler-Verhältnis vor einem Elterngespräch bewusst zu machen. Der Elternteil ist ein gleichberechtigter Partner, mit dem es einen gemeinsamen Lösungsprozesses zu entwickeln gilt. Von rechtlicher Seite besteht eine gemeinsame Erziehungsverantwortung, jeweils für den eigenen Bereich. In jedem dieser Bereiche können die jeweiligen Erwachsenen als Experten für das Kind/den Schüler bezeichnet werden. Lehrkräfte übernehmen dann zu wenig Verantwortung für ihren Teil der Erziehungsverantwortung, wenn sie die Ursache und Lösungen für die Schulprobleme einseitig im familiären Bereich suchen. Andererseits übernehmen sie zu viel Verantwortung, wenn sie bei „schwachen" Eltern eine Ratgeber- oder Retterrolle übernehmen. Diese Eltern sollten vielmehr durch Fragen stets neu aktiviert und gestärkt werden, z. B. „Sie kennen ihren Sohn als Mutter am besten. Wie, denken Sie, könnte die Schule ihn unterstützen, und was könnten Sie zuhause konkret tun?"

Zur professionellen Rollenverantwortung gehört auch, die Lebensgeschichte und die aktuelle private Situation der Eltern zu berücksichtigen. Auf diesem Hintergrund ist einzuschätzen, welche Lösungen von Eltern realistisch umsetzbar sind oder ob vielmehr familiäre Hilfen empfohlen oder auch dringend einzubeziehen sind.

Für den Gesprächsprozess ist es bedeutsam, die Achtsamkeit für die aktuelle eigene innere Situation und die mögliche des Gegenübers wachzuhalten. Nur wenn diese Ebenen wahr- und ernstgenommen werden, kann hilfreich mit sich aufbauenden schwierigen Dynamiken umgegangen werden.

Statt z. B. bei Vorwürfen von Eltern in einen Gegenangriff zu gehen, besteht die Möglichkeit, zunächst zu schweigen. Die Wahrnehmung richtet sich dann kurz nach innen, um sich wieder zu vergegenwärtigen, dass die Vorwürfe nichts mit der eigenen Person zu tun haben und dass die Veränderung und Entwicklung des Schülers im Mittelpunkt des Gesprächs stehen sollen.

Dies kann einer Lehrkraft helfen, Distanz zu den Vorwürfen zu gewinnen. Danach lässt sich z. B. antworten: „Vielleicht können wir nun wieder gemeinsam überlegen, welchen Lernschritt Sven in der Schule machen kann und welche Unterstützung er dafür von uns benötigt."

Verspüren wir nach kritischen Aussagen der Eltern das Bedürfnis der Rechtfertigung, kann es wiederum wichtig sein, einen kurzen Moment nach innen auf Distanz zu gehen. Die Lehrkraft kann sich dann ins Gedächtnis rufen, dass belehrende Eltern innerlich unter Druck stehen, den Rechtfertigungsdruck stoppen und das Gespräch dann wohlwollend und klar mit einer Sachinformation fortführen, z. B.: „Sie kritisieren meine Reaktionen auf das Verhalten ihres Sohnes in der Schule. Für Mesut ist es noch wichtig, zu lernen, die Hinweise von Lehrkräften angemessen zu berücksichtigen. Ich verstehe Ihre Kritik so, dass für Sie dieser Lernschritt grundsätzlich auch sehr bedeutsam ist. Vielleicht hat Sie nur etwas an meiner Form der Reaktion gestört. Das tut mir dann leid."

Die Lehrkraft kann zur Entlastung des Gegenübers auch auf die innere Situation des Gesprächspartners eingehen, indem sie emotionale Botschaften im Gesichtsausdruck, Stimmtonus und Körpersprache in das Gespräch einfühlsam mit einbezieht (Tab. 6, Beispiele in „Austausch der Sichtweisen").

Störungen haben Vorrang, spätestens dann, wenn trotz aller professionellen Bemühungen um einen konstruktiven Gesprächsprozess Vorwürfe oder Diskussionen über Nebensächlichkeiten das Gespräch dominieren, oder die Schuldfrage die Dynamik des Gespräches zunehmend prägt. Schuldzuweisen helfen für Problemlösungen nicht.

„Schuld" ist eine moralische Kategorie. In Elterngespräche werden für Lösungen pädagogische, nicht jedoch moralische Unterstützungen benötigt. Und Schuldzuweisungen bewerten vergangenes Verhalten und lenken vom gegenwärtigen Bemühen um ein konstruktives Ergebnis in gemeinsamer Verantwortung für Lösungen ab.

Dies kann offen angesprochen werden, z. B.: „Ich merke, dass gerade die Schuldfrage im Mittelpunkt steht. Mir geht es nicht um Schuld, sondern um unsere gemeinsame Verantwortung für Maren. Was kann sie noch lernen und wie können wir sie bei einer Veränderung dann unterstützen?"

Können die Eltern immer noch nicht aus dem destruktiven Schuldmuster aussteigen, kann die Lehrkraft ein weiteres Angebot starten: „Vielleicht können wir uns einigen, dass wir uns an dieser Stelle nicht einig sind?"

Können sich Eltern trotz aller professioneller Bemühungen nicht auf eine konstruktiven Prozess einlassen, kann es sinnvoll sein, das Gespräch zu beenden, z. B.: „Ich merke, dass wir bei der Suche nach Lösungsmöglichkeiten nicht weiter kommen. Deshalb denke ich, es ist besser, das Gespräch jetzt zu beenden und es möglichst zu einem vereinbarten Zeitpunkt weiterzuführen."

Ein strukturierter und transparenter Gesprächsablauf ist für einen beziehungsorientierten Problemlösungsprozess hilfreich, da er allen Beteiligten eine Orientierung und Berechenbarkeit ermöglicht. Dafür lässt sich der Gesprächsprozess in einzelne Phasen gliedern (Tab. 6). Für schwierige Elterngespräche, bei denen beide Seiten ihre Problemsicht ausführen, sollten nach meinen Erfahrungen mindestens 45 Minuten, maximal jedoch 60 Minuten eingeplant werden. Während zu wenig Zeit stressen kann, kosten Endlosgespräche viel Kraft und sind meist nicht effektiver. Wichtiger ist, das Anliegen konkret zu benennen und den Inhalt eines Gesprächs auf wenige Themen zu begrenzen. Die Absprachen am Ende des Gespräches sollten möglichst konkret und verbindlich gefasst werden.

Tab. 6: Gesprächsleitfaden

Phasen	Zentrale Aspekte und Methoden	Anmerkungen; beispielhafte Formulierungen und Interventionen
Vorbereitung	innere Klärung: Zeitrahmen, Anliegen; professionelle innere Haltung, Verlauf des Gesprächs	Wie viel Zeit ist sinnvoll, wie ist mein Zeitlimit? Kommt das Anliegen von Schule, den Eltern oder beiden? Welches Ziel habe ich? ggf. konkret beschreiben, was erreicht werden soll Habe ich ausreichend Distanz zum Unterricht? Wie kann ich den Eltern konstruktiv begegnen? Welche Probleme könnten im Gespräch auftreten? Wie kann ich damit umgehen?
Begrüßung/ Beziehung aufnehmen	Freundlichkeit, Small Talk, entspannte Atmosphäre fördern	„Sind Sie gut hergekommen?“ „Danke, dass Sie sich die Zeit nehmen?“ „Möchten Sie etwas trinken, einen Kaffee?“
Orientierung	Zeitrahmen festlegen	„Vielleicht stecken wir zunächst den Zeitrahmen ab. Sind 45 Minuten für Sie in Ordnung?“
Anliegen/ Gesprächsziel klären	Begrenzung der Themen für das Gespräch; Zielsetzung	**Option 1: Schule hat das Anliegen** „Mein Anliegen ist, über Peters Verhalten zu sprechen. Ich möchte dafür zunächst einmal berichten, was ich beobachte/was der Schule Sorgen macht. Sie können dann Ihre Sicht ergänzen. Dann suchen wir nach Lösungen.“ **Option 2: Eltern haben das Anliegen** „Was ist Ihr Anliegen für dieses Gespräch?“ „Was wäre für Sie ein gutes Ergebnis?“ „Was bereitet Ihnen Sorgen? (...) Vielleicht erzählen Sie zunächst einmal, was Sie besorgt.“ **Option 3: Schule und Eltern haben ein gemeinsames Anliegen** „Vielleicht sammeln wir erst einmal die Themen/Ziele für dieses Gespräch.“

Tab. 6: Gesprächsleitfaden (Fortsetzung)

Phasen	Zentrale Aspekte und Methoden	Anmerkungen; beispielhafte Formulierungen und Interventionen
Austausch der Sichtweisen	Offenheit für die Sicht des Elternteils, ggf. Kulanz gegenüber leichter Unsachlichkeit Wahr- und Ernstnehmen der Beziehungsebene; ggf. Störungen offen ansprechen	Die Problemdarstellung der Lehrkraft sollte beschreibend sein, sich auf Weniges begrenzen, Positives einbinden und darüber informieren, was bisher unternommen wurde. Elternaktivierung: „Wenn Sie das hören, was sind Ihre Gedanken dazu/wie sehen Sie es/vielleicht schildern Sie Ihre Sicht dazu?" **Interventionen zur zeitlichen Strukturierung:** Zeit: „Entschuldigung, ich unterbreche Sie ungern, ich möchte aber mit Blick auf das Zeitfenster die schulische Sicht hinzufügen." **Intervention auf der Beziehungsebene/Zielführung:** Belehrung/Druck: „Ich merke gerade, dass in unserem Gespräch zu viel Druck ist. Ich sage dies, weil Druck hilfreiche Lösungen verhindert." Wortwahl/Ärger: „Ich verstehe Ihren Ärger, und der Schule ist auch eine Veränderung wichtig." Körpersprache/Irritation: „Sie schütteln den Kopf, während ich Svens Verhalten beschreibe. Was sind Ihre Gedanken zu der Beschreibung?" Stimme/Sorge: „Wenn Sie über Sven sprechen, klingt Sorge mit. Was genau sind Ihre Sorgen?"

Tab. 6: Gesprächsleitfaden (Fortsetzung)

Phasen	Zentrale Aspekte und Methoden	Anmerkungen; beispielhafte Formulierungen und Interventionen
Lösungs-suche	gemeinsame Suche nach Praxislösungen Fokus auf Sachebene Beachtung der Autonomie, Möglichkeiten und Grenzen der Kontexte	Folgende Fragen können beantwortet werden: Was ist für den Schüler ein Lernziel/-Schritt? Wie können Schule und Eltern dies unterstützen? Wie arbeiten Schule und Eltern dafür zusammen? Ggf.: „Benötigen Sie Unterstützung für die Erziehung?"
Absprachen / Kontrakt	konkrete Vereinbarungen, ggf. kann der Schüler hinzugeholt werden	„Ich möchte mich bei Ihnen für das zielführende Gespräch bedanken. Wir haben festgelegt, dass ich/die Schule ..., Sie/die Eltern ..., Sven ..."

Spannungsgeladene Elterngespräche wird es immer geben, da zwischen den Bereichen Schule und Familie viele Konfliktfelder liegen. Bei Eltern von Schülern mit Verhaltensauffälligkeiten kommt hinzu, dass sie oft keine guten Erfahrungen aus Schulgesprächen mitbringen. Es kann deshalb sein, dass sie zunächst „geladen" in der Schule erscheinen und sich nicht eingeladen fühlen. Aus Lehrersicht sind es immer wieder Eltern mit einem Erziehungsverhalten, das schwer zu akzeptieren ist. Diesem nüchtern und unterstützend zu begegnen und ihnen ein Gespräch auf Augenhöhe anzubieten, ist eine professionelle Herausforderung an jede Lehrkraft! Zu dieser verantwortungsbewussten Elternarbeit gehört, Spannungen, Konflikte, Unwägbarkeiten und Unlösbarkeiten als normalen Bestandteil zu akzeptieren. Es wird auch mit der besten Gesprächsführungskompetenz Gespräche geben, bei denen es am Ende zu keiner Lösung kommt oder aus denen die Gesprächspartner nicht harmonisch auseinandergehen.

Hilfreiche Anregungen für meine eigene Elternarbeit und dieses Kapitel gab mir das Buch von Aich/Behr (2015), das ich dem praxisorientierten Leser gerne empfehlen möchte.

Aich, G., Behr, M. (2015): Gesprächsführung mit Eltern. Beltz, Weinheim und Basel

4.2 Persönliche Antreiber und die Antreiber im Kollegium

Und was treibt Sie an?

1. Tragen Sie für jede Aussage des Antreiberbogens (Dehner/Dehner 2013, 254 ff.) eine Kennzahl ein, die nach Ihrer Einschätzung zutrifft (trifft voll zu = 4, ziemlich = 3, etwas = 2, kaum = 1, nicht = 0)!
2. Werten Sie den Bogen aus, indem Sie die Punktzahl der jeweiligen Fragen eintragen. Addieren Sie die Punkte miteinander. Die Punktzahlen können im unteren Diagramm als Balken eingezeichnet werden.

Aussagen	Kennzahl (0–4)
1. Wenn ich eine Arbeit mache, dann mache ich sie gründlich.	
2. Ich fühle mich dafür verantwortlich, dass sich Menschen, die mit mir umgehen, wohlfühlen.	
3. Ich bin ständig auf Trab.	
4. Anderen gegenüber zeige ich meine Schwächen nicht gerne.	
5. Wenn ich raste, dann roste ich.	
6. Häufig sage ich etwas wie: „Es ist schwierig, dies wirklich zu beschreiben."	
7. Ich sage oft mehr, als eigentlich nötig wäre.	
8. Ich habe Mühe, Leute, die nicht genau sind, zu akzeptieren.	
9. Es fällt mir schwer, Gefühle zu zeigen.	
10. „Nur nicht locker lassen", ist meine Devise.	
11. Wenn ich eine Meinung äußere, begründe ich sie auch.	
12. Ich liefere einen Bericht erst ab, wenn ich ihn mehrere Male überarbeitet habe.	
13. Leute, die „herumtrödeln", regen mich auf.	
14. Es ist für mich wichtig, von den anderen akzeptiert zu werden.	
15. Ich habe eine harte Schale, aber einen weichen Kern.	
16. Ich versuche oft zu spüren, was andere von mir erwarten.	
17. Leute, die unbekümmert in den Tag hineinleben, kann ich nur schwer verstehen.	
18. Ich löse meine Probleme selber.	
19. Aufgaben erledige ich möglichst rasch.	
20. Im Umgang mit anderen achte ich auf Distanz.	
21. Ich sollte viele Aufgaben noch besser erledigen.	
22. Ich kümmere mich persönlich auch um kleinere Details.	

Aussagen	Kennzahl (0–4)
23. Erfolge fallen nicht vom Himmel. Ich muss sie hart erarbeiten.	
24. Für unnötige Fehler habe ich kein Verständnis.	
25. Ich schätze es, wenn andere auf meine Fragen rasch und knapp antworten.	
26. Es ist mir wichtig, von anderen zu erfahren, ob ich meine Sache gut gemacht habe.	
27. Ich stelle meine Wünsche zu Gunsten anderer zurück.	
28. Ich glaube, dass die meisten Dinge nicht so einfach sind, wie viele Leute meinen.	
29. Es ist für mich unangenehm, andere Leute zu kritisieren.	
30. Ich strenge mich an, meine Ziele zu erreichen.	
31. Mein Gesichtsausdruck ist eher ernst.	
32. Ich bin leicht nervös.	
33. Meine Probleme gehen die anderen nichts an.	
34. Ich sollte viele Aufgaben noch besser erledigen.	
35. Ich sage oft: „Das verstehe ich nicht."	
36. Ich sage eher: „Könnten Sie es mal versuchen?"	
37. Ich bin diplomatisch.	
38. Beim Telefonieren bearbeite ich nebenbei oft noch andere Dinge.	
39. „Auf die Zähne beißen", heißt meine Devise.	
40. Trotz großer Anstrengung will mir vieles nicht gelingen.	

Auswertungsbogen

Frage	Sei perfekt!
1	
7	
8	
11	
12	
21	
22	
23	
Summe	

Frage	Sei gefällig!
2	
14	
16	
26	
27	
29	
36	
37	
Summe	

Frage	Streng dich an
8	
10	
17	
23	
28	
30	
35	
40	
Summe	

Frage	Beeil dich!
3	
5	
13	
19	
25	
32	
34	
38	
Summe	

Frage	Sei stark!
4	
9	
15	
18	
20	
31	
33	
39	
Summe	

40	
35	
30	
25	
20	
15	
10	
5	Sei perfekt!

40	
35	
30	
25	
20	
15	
10	
5	Sei gefällig!

40	
35	
30	
25	
20	
15	
10	
5	Streng dich an

40	
35	
30	
25	
20	
15	
10	
5	Beeil dich!

40	
35	
30	
25	
20	
15	
10	
5	Sei stark!

Obwohl die Antreiber das Bemühen zeigen, Probleme zu lösen, schaffen sie nur neue Probleme! Antreiber können, entweder einzeln oder in Kombination, belastende Situationen für die Lehrkraft weiter verschärfen, statt zu entlasten. Je mehr Antreiber zusammenwirken, desto größer ist das Risiko. Sich mit beruflichen Antreibern zu beschäftigen, kann helfen, negativen Stress zu verringern und damit negativen Folgen zuvorzukommen.

In einem Kollegium können wir in der Regel alle Antreiber versammelt sehen. Dieses Wissen kann irritierendes Verhalten verstehbar machen und einen Weg aufzeigen, verständnisvoll damit umzugehen.

Der „Sei-perfekt!"-Antreiber ist derjenige, der in unserem Kulturkreis am häufigsten vorkommt. Wer versucht, möglichst perfekt zu sein, kann sich nicht erlauben, Fehler zu machen, und verbraucht dafür viel Energie.

Der „Sei-perfekt!"-Antreiber ist nicht das Gleiche wie ein hoher Anspruch an die eigene Arbeit. Wer jedoch Angst vor einem unzureichenden Ergebnis und vor Fehlern hat, arbeitet nicht entspannt und kreativ und ist in Gefahr, in neuen Situationen unflexibel und bestimmend zu sein.

Gerade im Umgang mit Fehlern zeigt sich der Unterschied zwischen einem gesunden Anspruch an die eigene Arbeit und dem „Sei-Perfekt!"-Antreiber. Unterläuft einer Lehrkraft, die diesen Antreiber für die Lösung von Problemen nutzt, im Elterngespräch oder in einer Dienstbesprechung ein Fehler, so ist innerlich ein deutlicher Druck spürbar. Die Lehrkraft sagt dann vielleicht, dass sie überhaupt nicht verstehen könne, wie ihr dies passieren konnte. Ist die innere Anspannung besonders intensiv, droht sie, das Umfeld anzustecken.

Eine Schulleitung, die vornehmlich ihrem „Sei-Perfekt!"-Antreiber folgt, läuft Gefahr, auch das Kollegium in dieser Richtung unter Druck zu setzen. Protokolle oder Förderpläne müssen nicht nur vollständig und fachlich richtig sein, sondern möglichst bis in jedes Detail ausgearbeitet. Dies schafft zu der alltäglichen Arbeit und Belastung zusätzliche, nicht hilfreiche Anspannung.

Hinter dem „Sei-perfekt!"-Antreiber steht die Angst, bei Misserfolgen und Fehlern nicht anerkannt und nicht erfolgreich zu sein. Diese Angst lässt den Blick für das Ganze verlieren.

Durch neue Denk- und Verhaltensmuster können Wege zur inneren Entspannung gefunden werden, z. B. können für die Aufgaben und Anforderungen in der Schule neue Prioritäten gesetzt werden. Die Unterscheidung von wichtigen und weniger wichtigen Anforderungen kann geübt werden.

Für einen Perfektionisten kann es eine gute Übung sein, mit Humor gezielt kleine Fehler zu machen, die keinen Schaden anrichten, z. B. Rechtschreibfehler in einem Protokoll.

Dieser experimentelle Umgang mit dem Antreiber-Muster unterstützt die Entlastung des Drucks, Fehler unbedingt vermeiden zu müssen.

Die Konfrontation aus dem Kollegium, besonders wenn diese vorsichtig erfolgt, bietet einem Kollegen die Chance, Schritt für Schritt eine innere Distanz zum eigenen Antreiber zu gewinnen. Durch diese Abgrenzung kann unterschieden werden zwischen dem Anspruch auf eine gute Arbeit und Ängsten, die hinter dem Antreiber stehen.

Der „Sei-stark!"-Antreiber steuert Personen, die unter dem Druck stehen, möglichst viel allein bewältigen zu müssen.

Sie empfinden es vielleicht als beschämende Niederlage, jemand um Hilfe zu bitten. Sie sind in Gefahr, sich auch dann noch weitere Lasten aufzubürden, wenn sie schon selbst am Ende sind und gut darin trainiert, möglichst viel auszuhalten. Sie sind Einzelkämpfer und gehen permanent über die eigenen Grenzen! Da sie die warnenden Körpersignale nicht mehr wahrnehmen, kann ihre Selbstausbeutung soweit gehen, bis ihr Körper endgültig streikt. Spüren sie Gefühle, die als Schwäche gedeutet werden könnten, machen sie diese mit sich selbst aus.

Eine Person mit dem „Sei-stark!"-Antreiber bittet selten um Hilfe, denn sie braucht ja vermeintlich keine!

Zunächst macht solch ein Kollege auch keinen angestrengten Eindruck. Er ist oft sehr hilfsbereit und springt immer ein, wenn noch etwas zu tun ist und die x-te Arbeitsgruppe gebildet wird. Zum großen Teil ist die Umgebung froh über die ständige Ansprechbarkeit und Belastbarkeit des Kollegen und sieht dies schließlich als eine Selbstverständlichkeit an. Wenn Lehrkräfte klaglos jede Anstrengung auf sich nehmen, die hohen psychosozialen Belastungen des Lehrerberufs mit sich alleine ausmachen und noch nicht mal auf die Idee kommen, mit Kollegen über ihre Probleme zu sprechen, bestehen hohe Gefahren der Überlastung. Der Betroffene und seine Umgebung haben weder einen körperlichen noch einen psychischen Zusammenbruch kommen sehen.

Damit spätestens diese Erfahrung eine Veränderung bewirkt, sollte die Zwangspause nicht nur zur Wiederherstellung der Gesundheit, sondern ebenso zu einem Infragestellen des bisherigen Lebensstils genutzt werden. Geschieht dies nicht, besteht die Gefahr, wieder genauso weiter zu machen, schließlich sei man ja wieder „top-fit"!

Priorität des Nachdenkens über den Zusammenbruch hat hier das Verstehen und Ernstnehmen der bisherigen mangelnden Selbstbeziehung. Andere Bedürfnisse von Psyche und Körper als zu arbeiten, wurden zu wenig berücksichtigt. Innere Warnsignale wurden nicht ernst genommen. Auch äußere Hinweise und Störungen wurden übergangen.

Wichtig ist, zu verstehen, dass der Antreiber nicht nur hilfreich war. In Wirklichkeit bewirkte er eine Selbstausbeutung und eine Abwertung der Umgebung. In der Dynamik der Fremdbeziehung steckt die Vorstellung, anderen die Quantität und Qualität der Arbeit nicht ebenso zuzutrauen wie sich selbst.

Die Spirale des Antreibers ist also in Wirklichkeit nicht eine Zunahme von schönen Erfolgserlebnissen, sondern eines inneren Drucks.

Auf der Grundlage eines Beziehungsweges zu einer gesünderen Einstellung zu sich selbst können gezielt und diszipliniert Zeiten und neue Aktivitäten für Psyche und Körper in den Alltag integriert werden, z. B. das Erlernen von Entspannungstechniken und den Aufbau eines lockeren Hobbys. Zwischen Berufs- und Privatleben können klare Grenzen gezogen und Arbeitszeiten streng begrenzt werden.

Der „Beeil-dich!"-Antreiber ist das Verhaltensmuster von Menschen, die sehr unruhig wirken. Auch wenn von außen gar kein Zeitdruck besteht, kann es für sie einfach nicht schnell genug gehen. Immer von der Angst getrieben, nicht schnell genug, nicht pünktlich genug, nicht rechtzeitig da zu sein, versucht der „Hektiker", möglichst viel auf einmal zu erledigen und reagiert ungehalten auf jeden, der dabei zu stören scheint. Auf Menschen in der Umgebung, die es langsamer angehen lassen, wird genervt reagiert. Es wird nicht wahrgenommen, dass eine langsamere Gangart möglicherweise schneller zum Ziel führt und erfolgreicher ist. Die Unruhe, in der die Energie der Angst versteckt ist, kann so ansteckend sein, dass ganze Kollegien und Schulklassen aus einem entspannten Arbeits- bzw. Lernmodus herauskippen.

Lehrkräfte mit dem „Beeil-dich!"-Antreiber versuchen, jede noch so kleine Lücke gewinnbringend zu nutzen.

Man trifft sie häufig bei Tür-und-Angel-Gesprächen an, es wird beim Kopieren über mehrere Probleme gleichzeitig nachgedacht und die Fünf-Minuten-Pause reicht für ein Elterntelefonat. Denn das Zeitmanagement ist wichtig!

Durch den inneren Druck und die äußere Unruhe steigt die Gefahr, Fehler zu machen! Wenn in der ohnehin schon knappen Zeit nun auch noch Fehler wieder korrigiert werden müssen oder nach den „gerade doch" kopierten Blättern gesucht werden muss, kann Stress aufkommen.

In der Dienstbesprechung kann sich die Unruhe durch fortwährendes Wippen mit dem Bein oder ständigen Blicken auf die Uhr zeigen. Alles dauert zu lange, es fehlen Konzentration und Achtsamkeit für den jetzigen Moment.

Für Personen mit diesem Antreiber können das eigene Stressempfinden bei der Bewältigung von mehreren gleichzeitigen Aufgaben, die vielleicht zunehmenden genervten Reaktionen der Umgebung und eine allmähliche Erschöpfung eventuell Anlässe sein, nachdenklich zu werden.

Diese Nachdenklichkeit kann dann zu einem Wahr- und Ernstnehmen der inneren Unsicherheit führen. Nach diesem Schritt zu einer bewussteren Selbstbeziehung kann nun der Blick nach außen freier werden für die tatsächlichen Anforderungen und Möglichkeiten und eine entspanntere Fremdbeziehung.

Im äußeren Bereich kann es helfen, die typischen Auslöser zu identifizieren, die in Stress versetzen, z. B. die Abfahrt zur Schule, Anrufe und Kopieren in den Pausen, berufliche Termine am Abend. Möglichst einfache und diszipliniert eingehaltene Rituale können diese Situationen äußerlich entspannen, z. B. zehn Minuten früher zur Schule fahren, um in Ruhe zu kopieren, Telefonzeiten vereinbaren, Pausen vor spätere Terminen legen.

Wer vorwiegend den „Streng-dich-an!"-Antreiber für die Bewältigung von Aufgaben einsetzt, für den ist alles hart, beinhart! Es fehlt die Leichtigkeit bei der Bewältigung von Aufgaben und im Leben allgemein.

Zu viel Anstrengung kann zur Selbstausbeutung führen: Überstunden werden gemacht, Nächte und Wochenenden geopfert, Ferien werden fürs Arbeiten genutzt und Regenerationszeiten sind auch im Terminplan eingetragen. Dabei verzettelt sich der Betreffende häufig, merkt aber nicht, dass er mit viel weniger Aufwand genau so viel erreichen könnte. Es ist selbstverständlich, von so viel Arbeit erschöpft zu sein. Nach erreichten Zielen steht gleich vor Augen, was noch alles geschafft werden muss. Als Ausgleich dienen vielleicht ein anstrengender Leistungssport und in den Sommerferien eine Rundreise durch Australien! Im Park oder in der Sauna findet man Ruhe, jedoch nur kurz, schließlich ist man insgesamt zu überlastet, um Innehalten zu können. Jede Gelegenheit wird genutzt, um mitzuteilen, wie verdammt anstrengend das Leben ist! Es wird gehofft, dafür gelobt zu werden, dass man jahrelang nicht einen Fehltag hatte, selbst bei schwerer Erkältung und Fieber. Das sieht bei Kollegen anders aus. Man arbeitet seit Jahren für Kollegen mit!

Eine Schulleitung mit diesem Antreiber drängt diesen oft der Umgebung auf. Qualität schlägt sich in Quantität nieder, z. B. werden möglichst viele Dienstbesprechungen und Arbeitsgruppen einberufen. Ein Konzept ist nur dann gut, wenn es permanent überarbeitet wird, und: „Seht her, ich erscheine hier, obwohl es mir nicht gut geht, und das erwarte ich auch von euch!"

Lehrkräfte mit dem „Streng-dich-an!"-Antreiber haben es schwer, Abstand zur Schule zu gewinnen. Die Gedanken kreisen darum, was liegen geblieben ist und was noch getan werden muss. Die Angst, sich nicht genug angestrengt zu haben, blockiert Abschalten und Erholung. Mit dem Partner werden in der Freizeit Schulthemen durchgekaut, in der Hoffnung, zu hören, man sei beruflich klar engagierter als andere.

Auch dieser Antreiber ist von der Dynamik von inneren Ängsten gespeist, nicht anerkannt, nicht gut genug zu sein.

Und auch hier können kritische Rückmeldungen der Umgebung und des psychosomatischen Systems nach und nach einen Prozess des Nachdenkens und tieferen Verstehens des eigenen Verhaltens bewirken. Dieser schrittweise Prozess der gesünderen Selbstbeziehung kann wiederum eine allmähliche Erlaubnis bewirken, Aufgaben leichter zu nehmen: sie lockerer angehen, dabei entspannt zu bleiben, auch anspruchsvolle Arbeiten so erfolgreich zu erledigen.

Allmählich kann sich dann Freude an der Erfüllung der Aufgaben einstellen. Statt von Aufgabe zu Aufgabe zu hetzen, werden nun die Gedanken erst einmal auf eine verdiente Belohnung und Erholungspause gerichtet. Mehr Freude an der Arbeit, entspanntes Engagement statt quälende Anstrengung und eine ausgewogene Work-Life-Balance unterstützen die Entwicklung einer entspannteren Selbst- und Fremdwahrnehmung.

Wer dem „Sei-gefällig!“-Antreiber folgt, will es jedem Recht machen, statt den eigenen Bedürfnissen und Ideen eine hohe Priorität beizumessen. Es fällt schwer, Nein zu sagen, z. B. wenn Kollegen eine Aufgabe abgeben wollen. Sich abzugrenzen von den Erwartungen und Ansprüchen der Umgebung und die eigene Meinung beharrlich und selbstbewusst zu vertreten, fallen oft unglaublich schwer.

Selbst wenn die Grenze der psychischen und körperlichen Kraft schon erreicht ist, will man es den Kollegen, Schülern und deren Eltern noch recht machen. Der „Sei-gefällig!“-Antreiber bewirkt eine Unklarheit der eigenen Rolle und Position. Vermisst werden ein klares Profil, Zielorientierung und Stringenz von Haltung und Verhalten.

Eine Schulleitung mit diesem Antreiber versucht, möglichst alle Kollegiumswünsche zu erfüllen, auch wenn diese miteinander unvereinbar sind. Alles darf in der Dienstbesprechung diskutiert werden, jeder Einrede wird nachgegangen. So entsteht die paradoxe Atmosphäre, dass nahezu alle unzufrieden sind, obwohl die Schulleitung sich doch so sehr um genau das Gegenteil bemüht!

„Everybody's Darling" sein zu müssen, ist ein Fulltime-Job. Schüler tanzen der Lehrkraft mit einem starken „Sei-gefällig!"-Antreiber recht bald auf der Nase herum, gerade weil sie sich so sehr bemüht, sie glücklich zu machen. Schließlich macht jeder Schüler, was er will! Versteht die Lehrkraft die Ursache der Dynamik nicht, so reagiert sie wegen der vermeintlichen Undankbarkeit der Schüler vielleicht plötzlich mit besonderer Härte und Strafen.

Es möglichst vielen recht machen zu wollen, kann dazu führen, die eigenen Zusagen nicht einhalten zu können. Es wird mehr versprochen, als umsetzbar ist. Wird eine Entscheidung kritisiert, wird sie wieder über Bord geworfen. Man ist wankelmütig und wird unglaubhaft.

Die oft unangenehmen Folgen von Verwirrung und Chaos können nach und nach Nachdenklichkeit bewirken. Es kann verstanden werden, dass die Dynamik des eigenen Antreiberverhaltens nichts mit der aktuellen Situation zu tun haben kann, sondern eine persönliche, innere Ursache zu haben scheint. Es kann die Ahnung auftreten, dass es vielleicht in Wirklichkeit darum geht, von möglichst vielen Menschen gemocht zu werden, eine persönliche Wertigkeit durch die Bewertung anderer Personen zu erhalten. Die Entwicklung einer gesunden Selbstbeziehung hilft, sich mehr abzugrenzen, ohne dabei anderen zu schaden. Nun können die Anforderungen des Schulalltags für ein Einüben von neuer Haltung und Verhalten genutzt werden, statt im Kreislauf ständiger Wiederholungen alter, unangenehmer Muster und Erfahrungen zu stecken. Zusätzlich motivierend für diesen Lernprozess kann sein zu erfahren, wie sich die Veränderungen auch positiv im Alltag außerhalb der Schule auswirken.

„Nein" zu sagen, den Mut zu haben, über den eigenen Schatten zu springen, zu den eigenen Vorstellungen zu stehen, anderen ein ehrliches Feedback zu geben, auch dann, wenn sich Sichtweisen unterscheiden, kann als Herausforderung angenommen werden und spannend sein.

4.3 Stoppen von Gedankenkreisläufen durch eine gesündere Selbstbeziehung

Wohin wandert Ihr Geist?

1. Bitte kreuzen Sie für den ersten Teil des Stresstests eine Kennzahl (0–4) an, die nach Ihrer Einschätzung zutrifft. Die Aussagen beziehen sich auf den Zeitraum der letzten vier Arbeitswochen. Antworten Sie innerhalb dieses Spektrums, je nachdem wie häufig Sie den angesprochenen Zustand hatten! Sie können die Summe der Zahlenwerte im Balkendiagramm kennzeichnen.
2. Beschäftigen Sie sich nun mit dem zweiten Teil des Stresstests. Kreuzen Sie wieder zu jeder Aussage eine für Sie stimmige Kennzahl an. Schätzen Sie hierbei ein, wie häufig Sie diese Gedanken generell haben!
3. Notieren Sie nun die Summe der Zahlenwerte aus dem zweiten Teil entsprechend der jeweiligen Gedankentypen! Sie können nun überlegen, ob eine dieser Gedankentypen zu Ihrer Anspannung aus dem ersten Teil des Tests beiträgt. Sollte dies der Fall sein, können Sie diesen Typ markieren.

Stresstest: erster Teil	nie	selten	regelmäßig	häufig	immer
1. Empfinden innerer Unruhe, Nervosität oder des Gehetztseins	0	1	2	3	4
2. Verunsicherung, ängstliche Stimmung	0	1	2	3	4
3. Unaufmerksamkeit und Vergesslichkeit	0	1	2	3	4
4. Denkblockaden, Leere im Kopf (Black-out)	0	1	2	3	4
5. innere Anspannung, erschöpftes Körpergefühl	0	1	2	3	4
6. Ich verliere bei Problemen schnell die Fassung.	0	1	2	3	4
7. Verspannung der Muskeln oder Kopfschmerzen	0	1	2	3	4
8. Ich bin im Unterricht körperlich anwesend, gedanklich ganz woanders.	0	1	2	3	4

32	
28	
24	
20	
16	
12	
8	
4	Stress – mentale Anspannung

Stresstest: zweiter Teil **Sie denken in Bezug auf Personen oder Bedingungen in der Schule …**	nie	selten	regelmäßig	häufig	immer
9. Was denken sie jetzt von mir?	0	1	2	3	4
10. Sie machen mich verrückt!	0	1	2	3	4
11. So halte ich es nicht mehr aus!	0	1	2	3	4
12. Vielleicht löst es sich von selbst.	0	1	2	3	4
13. Sie kriegen es einfach nicht hin!	0	1	2	3	4
14. Ich hoffe, er/sie ist morgen nicht da.	0	1	2	3	4
15. Bin ich in ihren Augen kompetent?	0	1	2	3	4
16. Wären sie anders, wäre es leichter!	0	1	2	3	4
17. Vielleicht hat er/sie es ja vergessen.	0	1	2	3	4
18. Eine Frechheit, was die sich erlauben!	0	1	2	3	4
19. Ich muss das unbedingt nachsteuern!	0	1	2	3	4
20. Am Ende stehen wir ohne Lösung da.	0	1	2	3	4
21. Und wenn ich das morgen nicht schaffe?	0	1	2	3	4
22. Die denken jetzt, ich habe keine Ahnung.	0	1	2	3	4
23. Dass mir das passiert, kenne ich so nicht.	0	1	2	3	4
24. Ich kann mir nicht einen Fehltag erlauben.	0	1	2	3	4
25. Hätten wir andere Bedingungen, dann ließe sich ganz anders arbeiten.	0	1	2	3	4
26. Der Unterricht wird morgen bestimmt anstrengend/eine Katastrophe.	0	1	2	3	4

Häufige Typen von Gedankenmustern im Lehrerberuf	**Punktzahl**
1. Die Vorstellung, man müsse von jeder anderen Person gemocht werden: 9, 15, 22	
2. Die Vorstellung, man müsse immer leistungsfähig sein: 19, 23, 24	
3. Die Neigung, sich über andere Personen aufzuregen: 10, 13, 18	
4. Die Vorstellung, etwas müsste so sein, wie man es selbst will: 11, 16, 25	
5. Die Neigung, sich über die Zukunft Sorgen zu machen: 20, 21, 26	
6. Die Neigung, Schwierigkeiten auszuweichen: 12, 14, 17	

Nach Metzinger (2014) schweift unser Geist viel häufiger von der aktuellen Situation ab, als wir vermuten, nämlich etwa 30 bis 50 Prozent unseres Wachlebens. Nach ihm zeigen Ergebnisse zum „Mind Wandering“, ein Forschungsgebiet der Psychologie, dass die bewusste gedankliche Selbststeuerung bei Personen eher die Ausnahme ist, automatisch ablaufende Denkprozesse dagegen die Regel. Zwar haben nach Metzinger Tagträume und andere Formen des spontanen Denkens durchaus eine positive Funktion, z. B. unterstützen sie kreative Problemlösungen oder tiefere Formen der Selbstreflexion. Die Untersuchungen zeigen jedoch, dass Menschen, die häufiger als andere mit ihren Gedanken in die Zukunft oder Vergangenheit abschweifen, allgemein in ihrer Stimmung belasteter sind als diejenigen, die ihre Gedankengänge auf die Gegenwart ausrichten können.

Die transaktionale Stresstheorie (Lazarus/Launier 1978) beschreibt, dass Menschen gar nicht so sehr durch die äußeren Gegebenheiten in Stress geraten, sondern mehr durch die Gedanken über diese Gegebenheiten. Die allgemeinen Belastungsmomente am Arbeitsplatz können dadurch noch weiter verstärkt werden, wenn Personen sie als bedrohlich wahrnehmen. Liegt keine individuelle Möglichkeit zur Lösung dieser Probleme vor, erzeugen die negativen Gedanken zusätzlich zu dem äußeren Problem noch ein inneres Problem, das den Stress erhöht. Es kann eine Dynamik ansteigender und dauerhafter Belastung entstehen.

„Der Stress wird dann zum Dauerstress, auch Disstress genannt, er führt zu mehr oder weniger schwerwiegenden, psychischen, seelischen und/oder organischen Veränderungen und Komplikationen" (Kretschmann 2012, 4).

Genau wie nicht hilfreiche Gedankenmuster unsere inneren Belastungen verstärken können, so kann hilfreiches Denken entlasten.

Der grundsätzliche erste Schritt für eine Entlastung ist stets, Distanz zu den belastenden Gedanken zu gewinnen.

Wir können uns darum bemühen, sie weiter wahr und ernst zu nehmen, nun jedoch mehr aus der Rolle eines Beobachters, der sich das innere Erleben aus einer Distanz anschaut. Diese Fähigkeit, immer wieder Abstand zu unseren automatischen Gedankenprozessen gewinnen und sie dadurch stoppen zu können, ist ein wichtiger Schritt für die Weiterentwicklung einer gesunden Selbstbeziehung. Für die Einteilung der belastenden Gedanken und Selbstgespräche in Typen folge ich Ellis (1977):

Die Vorstellung, man müsse von jeder anderen Person gemocht werden: Mit dem Wunsch, von möglichst jedem im Beruf gemocht zu werden, um unseren eigenen Wert zu erhöhen, setzen wir uns ein unerreichbares Ziel. Selbst wenn wir von 90 Prozent der Kollegen oder Elternschaft geschätzt werden, es gibt immer zehn Prozent, die es anders sehen. Und selbst, wenn wir nur von denjenigen, die uns wichtig sind, geschätzt werden, solange wir von ihrem Feedback abhängig sind, müssen wir uns Sorgen machen, ihre Gunst wieder verlieren zu können. Wir verzichten zu sehr auf unsere Interessen und tun stattdessen, was andere interessiert. Dadurch verlieren wir immer mehr unsere Eigenständigkeit. Dies kann zu immer geringerem Selbstvertrauen und immer größerer Verunsicherung führen.

Wichtiger, als von anderen gemocht zu werden, ist es, sich selbst zu mögen.

Diese Selbstannahme, auch der eigenen Schwächen, ist eine zentrale Bedingung einer gesunden Selbstbeziehung. Wenn wir unsere Ängste, wegen unserer Fehler in den Augen der anderen nichts wert zu sein, annehmen und in innere Distanz zu ihnen gehen wollen, können wir uns sagen: „Wenn ich einen Fehler machen sollte und dafür negativ oder gar persönlich kritisiert werde, kann das im ersten Moment unangenehm sein, aber es ist keine Katastrophe. Fehler sind normal, jeder braucht sie zum Lernen. Ich kann immer wieder neu die Verantwortung für Fehler übernehmen und sie für mein Lernen nutzen. Fehler berühren nicht den Wert meiner Person, vielmehr erkenne ich mich in ihnen als ein Mensch."

Je mehr wir so mit dieser und anderen Schwächen umgehen, umso sicherer und entspannter werden wir uns fühlen, umso weniger angespannt werden wir mental sein.

Diese annehmende und wertschätzende innere Haltung kann dann die Basis dafür sein, vorsichtig Schritt für Schritt ein neues Verhalten zu üben, z. B. im Kollegium offen unseren eigenen Standpunkt zu vertreten.

Die dann möglicherweise auftretenden Spannungen werden weiter unangenehm oder gar frustrierend sein. Aber die Erfahrung von innerer Entlastung und einem freieren, entspannteren Kontakt zu wohlwollenden Kollegen helfen uns, die unangenehmen Seiten dieses persönlichen und beruflichen Entwicklungsprozesses anzunehmen. Diese Annahme kann dann die Basis dafür sein, die Möglichkeit des kollegialen Austauschs und der Supervision nun hilfreich zu nutzen.

Die Vorstellung, man müsse immer leistungsfähig sein: Es ist sinnvoll, erfolgreich sein zu wollen. Sich dafür jedoch zu sehr unter Druck zu setzen, ist ungesund. Zwanghaftes Erfolgsstreben geht gewöhnlich mit inneren Spannungszuständen einher. Scheitern wird zur potenziellen Bedrohung des Selbstbildes. Körperliche Grenzen werden ohne Rücksicht auf Verluste überschritten.

Wer nach Erfolg und Leistung um jeden Preis strebt, fordert sich nicht nur selbst zu sehr heraus; er konkurriert auch ständig mit anderen und versucht, diese zu übertreffen. Mit der Fixierung auf Leistung und Erfolg im Lehrerberuf schwindet die Fähigkeit, sich in andere einfühlen zu können.

Wege zu einer gesunden Selbstbeziehung brauchen die Einstellung, neben Erfolgen auch Misserfolge als selbstverständlichen Teil der Herausforderung eines erfolgreichen Lernens zu akzeptieren. Misserfolge sind kein persönliches Versagen, sondern eine mögliche logische Folge eines jeden Engagements. Sie öffnen neue Möglichkeiten. Mit dieser neuen Haltung können Misserfolge in der Schule einen akzeptierten Platz bekommen. Dies ermöglicht Freude an einem nun gemeinsamen Such- und Findungsprozess. Nicht mehr die Leistung steht im Vordergrund, sondern der gemeinsame Erfolg in der Sache. Dafür werden Fehler willkommen geheißen, es lässt sich humorvoll mit ihnen umgehen. Ideen der anderen sind mindestens genau so gut wie die eigenen, vielleicht sogar besser! Auch wenn dies zunächst kompliziert zu sein scheint, entlastet uns dies.

Schon das bewusste Einnehmen einer entspannten Körperhaltung und ein Lächeln in einem Gespräch helfen, von der angespannten Leistungsorientierung in ein entspannteres Denken, Fühlen und Verhalten zu gelangen. Die Entspannung wird weiter unterstützt, indem wir uns in unserer freien Zeit erholen und bei schönen Beziehungs- und Naturerfahrungen einfach unsere Seele baumeln lassen.

Die Neigung, sich über andere Personen aufzuregen: Es ist nicht hilfreich, wenn wir uns darüber aufregen, dass andere anders sind als wir oder sich in einer Weise verhalten, die wir nicht verstehen oder akzeptieren wollen. Erscheinen uns z. B. Eltern als unzuverlässig oder vernachlässigen sie gar in unseren Augen ihre Fürsorge- und Erziehungspflicht, so hat dies sicher für die Kinder schädliche Folgen. Regen wir uns jedoch darüber so auf, als habe dies etwas mit uns persönlich zu tun oder als wären wir deutlich besser, verändert sich dadurch nichts. Wichtiger ist vielmehr gerade dann, einen vertrauensvollen Kontakt zu den Eltern aufzubauen, so schwer dies auch fällt! Danach können wir sie dann auf ihre Erziehungsverantwortung sachlich aufmerksam machen.

Regen wir uns permanent über das Schülerverhalten auf, so ist weniger deren äußeres Verhalten das Problem, als vielmehr unsere Einstellung dazu.

Zunächst haben wir es uns vielleicht angewöhnt, die Ärgernisse eines Schultages anzusammeln, statt sie stets schnell beiseite zu stellen. Sind wir schon leicht angesäuert und beleidigt uns dann noch ein Schüler, so ist unser Ärger-Kanal endgültig voll! Obwohl uns eine Provokation kaum wirklich schadet und sie meist auch nicht persönlich gemeint ist, reagieren wir heftig: „So eine Frechheit! Was erlaubst du dir eigentlich?“ Wir verstehen auch die Provokation als persönlich gegen uns gerichtet, statt zu akzeptieren, dass solch ein Verhalten Teil der Schulnormalität sein kann.

Gerade, wenn wir uns selber in Rage bringen, blockieren wir Veränderungen des Schülerverhaltens. Der Schüler erlebt unsere Reaktion als ungerecht und reagiert dementsprechend.

Etwas in Distanz zu gehen zu dem eigenen Ärger hilft, entspannter mit sich selbst und der aktuellen Situation umzugehen.

Wir können uns nun die Frage stellen, ob es gerechtfertigt ist und sich lohnt, uns über Schüler oder deren Eltern zu empören. Wir können uns erinnern, dass es allen Beteiligten für den Erfolg der Sache erst einmal möglichst gut gehen sollte. Durch Beurteilung oder gar Verurteilung der anderen ist dies nicht zu erreichen. Sind wir wieder klar und entspannt, spüren wir, dass sich unser Ärger gelöst hat.

Nun können wir das aktuelle Thema ruhig und sachlich ansprechen. Ändert der Gesprächspartner dennoch das für uns inakzeptable Verhalten nicht, können wir darauf nun nüchtern und ggf. mit angemessener Konsequenz reagieren.

Die Vorstellung, etwas müsste so sein, wie man es selbst will: Die Vorstellung, sich erst dann wohl fühlen zu können, wenn die Umstände zum eigenen Wunschbild passen, führt stets zu Druck bei sich und anderen.

Je mehr wir uns über die Belastungen aufregen, sie vielleicht sogar dramatisieren, umso weniger sehen wir unsere Möglichkeit zu einem Schritt der Veränderung.

Alles ist nur noch anstrengend und wir sind es auch für unsere Umgebung. Denn wir können nicht die Realität bestimmen! Wir können „nur" schauen, wo wir unseren Einfluss für einen Veränderungsschritt einbringen können.

Auch hier bestimmt wieder unsere eigene Einstellung das Maß unserer Belastung! Und auch hier ist wieder der erste Schritt zu einer gesünderen Selbstbeziehung die Arbeit an einer inneren Distanz zu unserer bisherigen, nicht hilfreichen Einstellung. In der kognitiven Distanz dazu können wir uns dann wieder neu dazu entscheiden, diese Einstellungen zu verändern, wenn wir dafür als ersten Schritt die nicht optimale Realität zunächst als gegeben annehmen. Dies führt schon zu mehr Gelassenheit.

Wir können uns sagen: „Es ist bedauerlich, dass die Umstände nicht so sind, wie sie für meine Vorstellung eines erfolgreichen Arbeitens im Lehrerberuf sein sollten. Ich mache das Beste daraus und kann mich auch unter diesen Umständen weiter engagieren."

Und nun können wir uns unangestrengt damit beschäftigen, welchen Einfluss für eine Veränderung wir dennoch haben.

Die Neigung, sich über die Zukunft Sorgen zu machen: Sich mit der Zukunft zu beschäftigen, trägt im günstigen Fall dazu bei, sich auf Anforderungen gut vorzubereiten. Im ungünstigen Fall kann es dazu führen, sich vorzeitig und übermäßig zu belasten. Die Form dieser nicht hilfreichen Vorbereitung ist oft das Grübeln. Grübeln beschreibt das nahezu automatische Aufkommen von Gedankenketten, die sich ohne Lösungsorientierung im Kreis drehen. Die innere Dynamik eines zwanghaften, oft nächtlichen Grübelns können Ängste sein, eine Aufgabe nicht zu bewältigen oder gar zu versagen. Die Möglichkeit, das Problem beiseite zu stellen und abzuwarten, kann völlig aus dem Blick geraten.

Mit zunehmender Dauer des Grübelns kann immer weniger unterschieden werden zwischen der Wirklichkeit des zukünftigen Problems und unserer inneren Belastung.

Die innere Belastung des Grübelns erhöht die Wahrscheinlichkeit, das Problem später tatsächlich nicht optimal zu lösen. Haben wir uns nachts gequält, statt durch guten Schlaf neue Energie für ein Elterngespräch zu gewinnen, erscheinen wir dort angespannt und übermüdet. Wir können nun weniger flexibel und problemlösend auf die Gesprächsdynamik reagieren. Dies fürchteten wir in der Nacht zuvor und haben es nun selbst mit hervorgerufen!

Es ist normal, dass Unterrichtsstunden immer wieder mal nicht optimal verlaufen. Belasten wir uns jedoch schon vorher mit Grübeln wegen möglicher Störungen, so kann genau dies wieder zu einer „selbsterfüllenden Prophezeiung“ werden. Unsere Ängstlichkeit und Verunsicherung wirkt sich verunsichernd auf die Schüler aus, die sich dann wiederum verstärkt unruhig verhalten.

Die meisten Situationen sind dann gar nicht so schlimm, wie wir sie uns vorher ausgemalt hatten. Es kann schon sehr unangenehm sein, wenn z. B. die Schulleitung einen Fehler von uns übermäßig streng kritisiert. Statt dies jedoch sorgenvoll vorwegzunehmen, können wir uns bewusst machen, dass unsachgemäße Äußerungen von anderen nichts mit uns, sondern mit deren Anspannung zu tun haben. Durch dieses Wissen können wir uns davor schützen, uns durch Worte verletzt zu fühlen und dadurch mit den Inhalten der Kritik gelassener und sachbezogen umgehen.

Auch beim Grübeln hilft uns wieder, in der Beziehung zu uns selbst innere Distanz zu diesem Gedankenmuster einzunehmen. Schon dieser erste Schritt entlastet.

Die „Stopp"-Regel („Stopp, ich grübele gerade!") kann uns ermöglichen, zu trennen zwischen einer annehmenden, beruhigenden Beschäftigung mit den Ängsten, die dem Grübeln zugrunde liegen, und der hilfreichen Vorbereitung der kommenden Aufgabe. Die Wahrnehmung geht nach innen und wir können uns z. B. sagen: „Es kann sein, dass es unangenehm wird, aber es wird mich nicht umwerfen. Und was mich nicht umwirft, macht mich stärker."

Es ist wichtig, solange akzeptierend und geduldig auf die Ängste einzugehen, bis diese sich wieder beruhigt haben. Diese Geduld lohnt sich, weil wir uns danach etwas entspannter und klar mit der kommenden Situation beschäftigen können.

Auf dem Weg zu einer gesunden Selbstbeziehung übernehmen wir also mehr die Rolle eines geduldigen Beobachters. Diese Rolle („Okay, es grübelt also gerade in mir.") ermöglicht es uns, wieder die Führung über den inneren Prozess zu übernehmen. Nach einer Lösung des aktuellen Problems werden wir jedes Mal zuversichtlicher und sicherer, das Muster, so unangenehm es in dem Moment auch ist, für einen Prozess zu mehr Entlastung zu nutzen.

Die Neigung, Schwierigkeiten auszuweichen: Vor den Problemen des Berufslebens die Augen zu verschließen, bringt oft nur kurzfristige und scheinbare Entlastung.

Wenn wir z. B. einen Konflikt mit einem Kollegen nicht ansprechen, sind wir zwar für den Moment erleichtert. Der Konflikt schwelt jedoch im Hintergrund belastend weiter.

Je länger wir Unannehmlichkeiten ausweichen, wir uns in eine passive Rolle begeben, desto größer kann das Unbehagen über das ungelöste schwelende Problem werden.

Erholung und „Seine-Ruhe-haben-zu-wollen" sind legitime Bedürfnisse, doch kann gerade das konfliktscheue Verhalten im Lehrerberuf den Wunsch nach

Entlastung blockieren. Wirkliche Entspannung und Zufriedenheit sind vielmehr über die Akzeptanz von Konflikten zu erreichen.

Diese Akzeptanz wird uns erleichtert, wenn wir wissen und immer wieder erfahren, dass jede erfolgreiche Konfliktbearbeitung uns nicht nur in der Sache, sondern auch unserer Selbst- und Fremdbeziehung hilft. Auch wenn Konflikte weiter anstrengend sind, können wir sie nun als Herausforderung und Chance für unseren Entwicklungs- und Wachstumsprozess sehen und erleben. Wir können Konflikte nutzen, um die Beziehung zu uns selbst und zu anderen zu verbessern.

Ein Weg, mit dem Muster des Ausweichens gut umzugehen, kann wiederum sein, in innere Distanz dazu zu gehen, unsere Ängste zu beruhigen und dann einzuüben, Dinge anzupacken, so unangenehm sie auch sind.

Im Beispiel des Konflikts mit dem Kollegen können wir ihm sobald wie möglich sagen, dass uns der Konflikt noch beschäftigt und fragen, ob er bereit ist, darüber zu sprechen. Dann können wir die Verantwortung übernehmen für unseren Teil der Spannungen und dafür um Entschuldigung bitten.

Dies kann schon eine enorme Entlastung bringen in der Beziehung und der Beginn für eine gute Lösung des Konflikts sein. Genauso können wir vor Schülern und deren Eltern unsere Fehler und Konfliktanteile ansprechen und ihnen dadurch ein Vorbild sein für einen Umgang mit bestehender Verantwortlichkeit.

Schlusswort

Auch wenn es viele Lehrpersonen gibt, die mit Engagement und Können die Beziehungen zu Schülern und die Elternkontakte gestalten, so gibt es dennoch in der Lehre und Praxis der Schulpädagogik noch viel zu tun. Dazu gehört die Übernahme der Verantwortung auch für den Auftrag zur Erziehung der Schüler im Rahmen des Unterrichts. An die Entwicklungspotenziale eines jungen Menschen zu glauben, unterstützt den Erfolg dieses Auftrags, d. h., wir brauchen eine Haltung der Stärken- statt der Defizitorientierung.

Das besondere Kennzeichen von Schülern mit Verhaltensauffälligkeiten ist, dass sie ihre Bedürfnisse und inneren Belastungen verstärkt nach außen mitteilen. Dies führt zu intensiven Spannungen und Konflikten in der pädagogischen Beziehung und dadurch zu besonderen Anforderungen an das professionelle Verhalten der Lehrperson. Diese Anforderungen führen oft an die fachliche und persönliche Grenze. Der Umgang mit Grenzerfahrungen sollte deshalb im Lehrerberuf ein wichtiger Bestandteil der Aus- und Fortbildung sein.

Inklusion fordert die Schulen der Gegenwart heraus, die Beziehungen von Lehrkräften und Schülern als eigenständigen Arbeitsbereich zu sehen und zu verantworten. Schüler müssen sich nicht von vornherein in der Schule angemessen verhalten können. Vielmehr hat die Schule die Verantwortung, die Bedingungen dafür anzubieten, dass alle Schüler dies lernen können.

Neben unterstützenden Rahmenbedingungen ist eine integre Lehrerpersönlichkeit, die ihre Autorität verantwortlich wahrnimmt, eine der wichtigen individuellen Voraussetzungen für das Gelingen des Lehrauftrags. Autorität schließt ein, sich zu erlauben, Fehler zu machen. Fehler sind essentieller Teil eines jeden Engagements als notwendige Voraussetzung, dieses Engagement zu verbessern. Die Integrität der Persönlichkeit wächst Schritt für Schritt mit der annehmenden, verstehenden Beziehung zu sich selbst. Dieses Wachstum der gesunden Selbstbeziehung unterstützt dann das verantwortliche Ausüben der Lehrerautorität und die Gestaltung annehmender und einfühlender Fremdbeziehungen.

Es ist mir wichtig, dass Schüler nicht abgewertet, beschämt oder ausgegrenzt werden, weil sie sich aufgrund ihrer Lebensgeschichte im Unterricht noch nicht angemessen verhalten können. Dieses Verhalten braucht Konsequenzen, doch können diese aus einer Haltung der Anerkennung und Wertschätzung erfolgen. Mein Wunsch und meine Hoffnung sind, dass sich Schule im Zeitalter von Inklusion in diese beziehungsbereichernde Richtung weiterentwickelt.

Literatur

Aich, G., Behr, M. (2015): Gesprächsführung mit Eltern. Beltz, Weinheim

Allport, W. G. (1970): Gestalt und Wachstum in der Persönlichkeit. Verlag Anton Hain, Meisenheim am Glan

Arnold, K. H. (2004): Von den Schwierigkeiten der Diagnostik „verhaltensgestörter" Schülerinnen und Schüler. In: Preuss-Lausitz, U. (Hrsg.): Schwierige Kinder – schwierige Schule. Konzepte und Praxisobjekte zur integrativen Förderung verhaltensauffälliger Schülerinnen und Schüler. Beltz, Weinheim, 24–36

Bastian, J. (2014): Feedback im Unterricht. Lernen verstehen und einen Dialog über Lernen beginnen. Pädagogik, 66 (4), 6–9

Bateson, G. (1981): Ökologie des Geistes. Anthropologische, psychologische, biologische und epistemologische Perspektiven. Suhrkamp, Frankfurt a. M.

Berne, E. (1979): Struktur und Dynamik von Organisationen und Gruppen. Kindler, München

Bolay, E. (2011): Kooperation und Nutzung von Differenz. Ein anerkennungstheoretischer Zugang. Zeitschrift für Sozialpädagogik, 9 (4), 416–432

Bröcher, J. (2010): Bildungsprozesse zwischen Zerstörung und Lebbarkeit des schulischen Humanraums. In: Dörr, M., Herz, B. (Hrsg.): „Unkulturen" in Bildung und Erziehung. VS, Wiesbaden, 119–133

Buber, M. (2006): Das dialogische Prinzip. Ich und Du. Zwiesprache. Die Frage an den Einzelnen. Elemente des Zwischenmenschlichen. Zur Geschichte des dialogischen Prinzips. 9. Aufl. Gütersloher Verlagshaus, Gütersloh

Child, I. L. (1954): Socialization. In: Lindzey, G.: Handbook of Social Psychology, vol. 2, Addison-Wesley, Cambridge, 655–692

Dehner U., Dehner R. (2013): Transaktionsanalyse im Coaching. managerSeminare, Bonn

Dinkmeyer D., Dreikurs, R. (2004): Ermutigung als Lernhilfe. 1. Aufl. Klett-Cotta, Stuttgart

Dubs, R. (2009): Lehrerverhalten. Ein Beitrag zur Interaktion von Lehrenden und Lernenden im Unterricht. Franz Steiner, Stuttgart

Ellis, A. (1977): Die rational-emotive Therapie. Das innere Selbstgespräch bei seelischen Problemen und seine Veränderung. Pfeiffer, München

Fellsches, J. (2009): Werte und Normen, Tugenden und Regeln. In: Mokrosch, R., Regenbogen, A. (Hrsg.): Werte-Erziehung und Schule. Ein Handbuch für Unterrichtende. Vandenhoeck & Ruprecht, Göttingen, 118–125

Freyberg, T., Wolff, A. (Hrsg.) (2005): Störer und Gestörte. Band 1: Konfliktgeschichte nicht beschulbarer Jugendlicher. Brandes & Apsel, Frankfurt a. M.

Fromm, E. (1980): Gesamtausgabe Band VI. Gesellschaftstheorie. Deutsche Verlags-Anstalt, Stuttgart

Giesecke, H. (1997): Die pädagogische Beziehung. Pädagogische Professionalität und die Emanzipation des Kindes. Juventa, Weinheim

Gordon, T. (1994): Lehrer-Schüler-Konferenz. 7. Aufl. Heyne, München

Graumann, C. F. (1964): Interaktion und Kommunikation. In: Gottschaldt, K., Lersch, Ph., Sander, F., Thomae, H.: Handbuch der Psychologie in 12 Bänden, 7. Band, Sozialpsychologie, 2. Halbband: Forschungsbereiche. Hogrefe, Göttingen, 1109–1262

Green, R. W. (2012): Verloren in der Schule. Wie wir herausfordernden Kindern helfen können. 1. Aufl. Hans Huber, Bern

Hattie, J. (2013): Lernen sichtbar machen. Überarbeitete deutschsprachige Ausgabe von Visible Learning (besorgt von Beywl, W., Zierer, K.). 2. Aufl. Schneider, Baltmannsweiler

Heymann, H. W. (2006): Autorität im Schulalltag. Pädagogik, 58 (2), 6–9

Horňáková, M., Ondracek, P. (2007): Ausgewählte Aspekte klassischer Diagnostik. In: Ondracek, P., Störmer, N.: Diagnostik und Planung. Frank & Timme, Berlin, 21–38

Jung, C. G. (1975): Über die Psychologie des Unbewußten. Fischer, Frankfurt a. M.

Jung-Strauß, E. M. (2000): Widersprüchlichkeiten im Lehrerberuf. Eine Untersuchung unter Verwendung der Rollentheorie. Peter Lang, Frankfurt a. M.

Juul, J., Jensen, H. (2004): Vom Gehorsam zur Verantwortung. Für eine neue Erziehungskultur (übersetzt aus dem dänischen von Mißfeldt, D.). Patmos, Düsseldorf

Kersten, R. (2012): Inklusion und Bildungsgerechtigkeit: Standards und Regeln zur Umsetzung einer inklusiven Schule. Beltz, Weinheim

Klein, W., Krey, B. (1998): Zum Umgang mit schwierigen Schülerinnen und Schülern. Zeitschrift für Transaktionsanalyse in Theorie und Praxis, 15 (4), 157–195

Kretschmann, Rudolf (2012): Stressmanagement für Lehrerinnen und Lehrer. 4. Aufl. Beltz, Weinheim

Laub Coser, R. (1999): Soziale Rollen und soziale Strukturen. 1. Aufl. Nausner & Nausner, Graz

Lazarus, R. S., Launier, R. (1978): Stressbezogene Transaktionen zwischen Person und Umwelt. In: Nitsch, J. R.: Stress, Theorien, Ursachen, Maßnahmen. Huber, Bern, 213–259

Metzinger, T. (2014): Der Ego-Tunnel. Eine neue Philosophie des Selbst: Von der Hirnforschung zur Bewusstseinsethik. Piper, München

Meyer-Wolters, H. (2000): Zum Zusammenhang von Fremderziehung und Selbsterziehung. Überlegungen im Anschluß an Descartes und Montaigne. In: Masschelein, J., Ruhloff, J., Schäfer, A. (Hrsg.): Erziehungsphilosophie im Umbruch. Beiträge zu einer Neufassung des Erziehungsbegriffs. Deutscher Studien Verlag, Weinheim, 83–113

Musial, R., Trüter, C. (2005): Härte und Sanktionen statt Empathie und Mitgefühl – Die konfrontative Pädagogik als letzte Chance für die Erziehungshilfe? Zeitschrift für Heilpädagogik, 6, 218–227

Oser, F., Spychiger, M. (2005): Lernen ist schmerzhaft. Zur Theorie des Negativen Wissens und zur Praxis der Fehlerkultur. Beltz, Weinheim

Prengel, A. (2013): Pädagogische Beziehungen zwischen Anerkennung, Verletzung und Ambivalenz. Verlag Barbara Budrich, Opladen

Preukschat, O. (2003): Warum gerade fünf? In: Zeitschrift für Transaktionsanalyse, 1, 5–35

Reinbacher-Kaulen, B. (2007): Haben Ordnung und Disziplin Platz in einer Reformschule? Pädagogik, 1, 21–24

Reiser, H. (2006): Psychoanalytisch-systemische Pädagogik. Erziehung auf der Grundlage der Themenzentrierten Interaktion. Kohlhammer, Stuttgart

Reiser, H. (1990): Psychogene Leistungsstörungen im Bereich Mathematik. Behindertenpädagogik, 29 (3), 312–321

Rogers, C. R. (1973): Entwicklung der Persönlichkeit (übersetzt von Giere, J.). Klett, Stuttgart

Ruppert, P. J. (1959): Erzieherpersönlichkeit und Stilformen der Erziehung. In: Lersch, P., Sander, F., Thomae, H.: Handbuch der Psychologie in 12 Bänden, Pädagogische Psychologie, 10. Band, Hogrefe, Göttingen, 144–169

Schaarschmidt, U. (Hrsg.) (2005): Halbtagsjobber? Psychische Gesundheit im Lehrerberuf – Analyse eines veränderungsbedürftigen Zustandes. 2. Aufl. Beltz, Weinheim

Schlegel, L. (1984): Die Transaktionale Analyse nach Eric Berne und seinen Schülern. Francke, München

Schmidt, U. (2007): TA im Arbeitsfeld Pädagogik. Zeitschrift für Transaktionsanalyse 24 (1), 5–29

Schofield, D. (1996): Vergleichende Entwicklungspsychologie in der Transaktionsanalyse, In: Clarkson, P.: Transaktionsanalytische Psychotherapie. Grundlagen und Anwendung – Das Handbuch für die Praxis. Freiburg, Herder

Schön, B. (2005): Therapie statt Erziehung? Chancen und Probleme der Therapeutisierung pädagogischer Arbeit. VAS, Frankfurt a. M.

Singer, W. (2005): Entscheidungsgrundlagen. In: Linden, W., Fleissner, A. (Hrsg.): Geist, Seele und Gehirn: Entwurf eines gemeinsamen Menschenbildes von Neurobiologen und Geisteswissenschaften. Lit, Münster, 21–30

Speck, O. (1997): Chaos und Autonomie in der Erziehung. Erziehungsschwierigkeiten unter moralischem Aspekt. 2. Aufl. Ernst Reinhardt, München/Basel

Spitzer, M. (2010): Gehirnforschung und die Schule des Lebens. Spektrum, Heidelberg

Staudinger, K. (2011): Beziehungskompetenz und psychische Gesundheit von Lehrer/-innen. Lehren und Lernen. Zeitschrift für Schule und Innovation in Baden-Württemberg, 6, 8–11

Stewart, I., Joines, V. (2006): Die Transaktionsanalyse. Eine Einführung. Herder, Freiburg

Textor, R. M. (2006): Bildung im Kindergarten. Zur Förderung der kognitiven Entwicklung. MV-Verlag, Münster

Thomae, H. (1972): Entwicklung und Prägung. In: Lersch, P., Sander, F., Wilde, K., Thomae, H. (Hrsg.): Handbuch der Psychologie in 12 Bänden, 3. Band Entwicklungspsychologie, Hogrefe, München, 240–311

Traub, S. (2006): Gespräche führen – leicht gemacht. Gesprächserziehung in der Schule. Schneider, Baltmannsweiler

Tuckermann, A., Häußler, A., Lausmann, E. (2012): Herausforderung Regelschule: Unterstützungsmöglichkeiten für Schüler mit Autismus-Spektrum-Störung im lernzielgleichen Unterricht. Borgmann, Dortmund

Venetz, M., Tarnutzer, R., Zurbriggen, C., Sempert, W. (2012): Emotionales Erleben im Unterricht und schulbezogene Selbstbilder. Vergleichende Analysen von Lernenden in integrativen und separativen Schulformen. SZH, Bern

Voß, R. (1992): Anpassung auf Rezept. Die fortschreitende Medizinisierung auffälligen Verhaltens von Kindern und Jugendlichen. 2. Aufl. Klett-Cotta, Stuttgart

Watzlawick, P., Beavin, J. H., Jackson, D. D. (1969): Menschliche Kommunikation – Formen, Störungen, Paradoxien. Hubner, Bern

Willmann, M. (2012): De-Psychologisierung und Professionalisierung der Sonderpädagogik. Kritik und Perspektiven für „schwierige“ Kinder. Ernst Reinhardt, München/Basel

Willmann, M. (2010): Verhaltensstörungen als Erziehungsproblem: Zur pädagogischen Position im Umgang mit schwierigem Verhalten. In: Ahrbeck, B., Willmann, M. (Hrsg.): Pädagogik bei Verhaltensstörungen. Ein Handbuch. Kohlhammer, Stuttgart, 205–214

Woollams, S., Brown, M. (1978): Transactional Analysis. Huron Valley Institute Press, Dexter

Wygotski, L. (1987): Ausgewählte Schriften II. Arbeiten zur psychischen Entwicklung der Persönlichkeit. Pahl-Rugenstein, Köln

Sachregister